Margarete Eirich

Von der verwandelnden Mitfeier der Eucharistie und dem Dienst am Wort Gottes

Margarete Eirich

Von der verwandelnden Mitfeier der Eucharistie und dem Dienst am Wort Gottes

☧

im Fe-Medienverlag, Hauptstr. 22,
88353 Kisslegg-Immenried

2. Auflage 2024

Gestaltung: Renate Geisler
Titelbild: Dr. Margarete Eirich

Druck: mcpdruk, Polen
ISBN: 978-3-7171-1368-3

Printed in EU

Inhalt

Vorwort

„Die wahre liturgische Erziehung kann nicht im Erlernen und Erproben von äußeren Aktivitäten bestehen, sondern in der Hinführung auf die wesentliche actio, die Liturgie ausmacht, auf die verwandelnde Macht Gottes, die durch das liturgische Geschehen hindurch uns selbst und die Welt verwandeln möchte.“[1] Mit diesen Worten hat Joseph Ratzinger in seinem Werk ‚Der Geist der Liturgie‘ beschrieben, dass das, was wir zur Mitfeier der heiligen Messe wirklich erlernen müssen, nicht allein aus den äußeren Aktivitäten besteht, sondern noch viel mehr und wesentlich im aktiven inneren Mitfeiern der heiligen Messe. Das ist der Kern des liturgischen Geschehens: die Verwandlung der Mitfeiernden – und der ganzen Welt. Doch die Menschen müssen auch hingeführt werden zur verwandelnden Macht Gottes im Sakrament der Eucharistie. Hat nicht Papst Franziskus in seinem Schreiben *Desiderio desideravi*[2] mit Nachdruck die Notwendigkeit einer fundierten liturgischen Bildung des ganzen Gottesvolkes angemahnt? Darauf zielten meine Vorträge bei Radio Horeb, die nun, wesentlich ergänzt, schriftlich vorgelegt werden. Es ist so wichtig, die heilige Messe aktiv mitzufeiern. Wir sind eingeladen, uns selbst, unsere Not und unseren Schmerz bei der Gabenbereitung auf den Altar zu legen. Von unserer aktiven Teilnahme hängt es ab, ob wir in die verwandelnde Kraft der Liturgie hineingenom-

---

[1] Ratzinger, Joseph: Gesammelte Schriften. Theologie der Liturgie (JRGS 11). Freiburg/Br. [3]2010, 150.

[2] Papst Franziskus: Apostolisches Schreiben *Desiderio desideravi* (VApS 177). Bonn 2022.

men werden. Wenn die Gläubigen die heilige Messe wirklich tätig, mit Leib und Seele mitfeiern, können sich Ströme des Heiligen Geistes über die Kirche ergießen. In der vorliegenden Schrift soll nun dieses so wesentliche Thema aus Sicht der Gläubigen erläutert und dargelegt werden.

Ergänzt werden die Darlegungen um die so wichtige und wertvolle Lektorenschulung, die allein bei Radio Horeb mehrfach gesendet und wiederholt wurde und es auf die ersten Plätze der Topsendungen schaffte. Sie wird nun hier deutlich überarbeitet auch in schriftlicher Form vorgelegt, damit sich die Liebe zum Wort Gottes noch mehr verbreiten kann. Möge es dazu führen, dass die Lektoren das Wort Gottes von ganzem Herzen lieben und es beim Vortragen „streicheln". Ganz herzlich danke ich Dr. Marius Linnenborn, dem Leiter des Deutschen Liturgischen Instituts, für seine Durchsicht und seinen wertvollen Anregungen zu diesem Werk.

Bei der Erarbeitung der Vorträge fasste ich alle für diesen Dienst relevanten Vorgaben pädagogisch aufbereitet zusammen. Mir lag es dabei vor allem am Herzen, dass die, die diesen wertvollen Dienst tun, erkennen, wie wichtig er ist. Denn dieser Dienst trägt dazu bei, dass das Wort Gottes wirklich in die Herzen der Menschen fallen kann. Die direkte Anrede der Vorträge wurde an vielen Stellen bewusst beibehalten, um den Leser direkt anzusprechen. Wiederholungen wurden bewusst übernommen, denn Wiederholung ist die beste Pädagogik. Möge dieses Werk zu einer vertieften Mitfeier und besseren Ausgestaltung der Eucharistiefeier beitragen. Dieses Anliegen vertraue ich Maria an, der Mittlerin aller Gnaden und Mutter des Wortes.

Der Geist der Liturgie

1918 erschien erstmals die bedeutende, vielfach nachgedruckte Ursprungsschrift der Liturgischen Bewegung: Romano Guardini ‚Vom Geist der Liturgie'. In Anlehnung daran schrieb Joseph Ratzinger 2000 sein Werk ‚Der Geist der Liturgie'. Beide Werke haben sicherlich dazu beigetragen, dass die „Liturgie in ihrer Schönheit, ihrem verborgenen Reichtum und ihrer die Zeiten überschreitenden Größe neu als beseelende Mitte der Kirche und als Mitte des christlichen Lebens entdeckt wurde"[3]. Beide haben wohl „dazu geführt, dass man sich mühte, die Liturgie »wesentlicher« zu feiern (ein Lieblingswort Guardinis); man wollte sie von ihrem inneren Anspruch und von ihrer inneren Gestalt her verstehen lernen als das vom Heiligen Geist selbst gewirkte und gelenkte Beten der Kirche, in dem Christus immerfort neu gleichzeitig wird mit uns, in unser Leben hereintritt."[4]

Joseph Ratzinger hat selbst „eine neue Ehrfurcht im Umgang" mit der Liturgie und „ein neues Verstehen" ihrer „Aussage und" ihrer „Wirklichkeit" angemahnt[5]. Von deren herausragender Bedeutung sprach bereits die Liturgiekonstitution des II. Vatikanischen Konzils, weil sich in ihr „besonders im heiligen Opfer der Eucharistie … ‚das Werk unserer Erlösung'" vollzieht[6]. Bis heute „spricht Gott" in ihr „zu seinem Volk" und „verkündet Christus noch immer die Frohe Bot-

---

[3] JRGS 11, 30.

[4] Ebd.

[5] JRGS 11, 31.

[6] SC 2 mit Verweis auf „Sekret des 9. Sonntags nach Pfingsten".

schaft“ (SC 33). Respektvoll beschreibt das Konzil die heilige Liturgie „vor allem“ als „Anbetung der göttlichen Majestät“ (SC 33). Zuvor hatte bereits das Konzil von Trient hervorgehoben, dass das eucharistische Opfer „das Heiligste von allem ist“, das die Kirche verwaltet (DH 1745). Dieses zentrale Konzil, das sich im Anschluss an die Reformation besonders mit Streitfragen zur heiligen Messe befasste, hat mit Nachdruck festgehalten, dass der Messkanon (Hochgebet) „so von allem Irrtum rein ist [Kan. 6], daß nichts in ihm enthalten ist, das nicht in höchstem Maße den Duft einer gewissen Heiligkeit und Frömmigkeit verströmen läßt und die Gemüter derer, die es darbringen, zu Gott emporrichtet. Er besteht nämlich sowohl aus den Worten des Herrn selbst als auch aus den Überlieferungen der Apostel und ferner den frommen Einrichtungen heiliger Päpste“ (DH 1745). Dieses Konzil verwies auf die lange Tradition und die Heiligkeit der Gebete, die die Herzen derer die das Opfer darbringen, zu Gott emporlenken. Im Messopfer werden die Herzen (mentes) derer, die es darbringen zu Gott emporgelenkt.

Auch Papst Pius XII. betonte in seiner Liturgieenzyklika *Mediator Dei*, dass alle liturgischen Festlegungen, Lesungen, Schriftauslegungen, heiligen Gewänder und das äußere Zubehör dazu dienen, „die Hoheit und Würde dieses großen Opfers zum Bewußtsein zu bringen und die Herzen der Gläubigen mittels der sichtbaren Zeichen der Gottesverehrung und Andacht zur Betrachtung des Erhabenen, das in diesem Opfer verborgen liegt, aufzurufen“.[7]

---

[7] Pius XII.: Enzyklika *Mediator Dei*. Hrsg. von Klaudius Jüssen im Badenia Verlag, Karlsruhe 1948, 52, mit Verweis auf Trienter Konzil, 22. Sitzung, Kap. 5.

Aus diesem Grunde betont die Liturgiekonstitution des II. Vatikanischen Konzils nachdrücklich, dass niemand, „auch wenn er Priester wäre, nach eigenem Gutdünken in der Liturgie etwas hinzufügen, wegnehmen oder ändern" (SC 22) dürfe. Allein dem Apostolischen Stuhl und nach Maßgabe dem Bischof ist dies vorbehalten.

Symbolik der eucharistischen Gestalten von Brot und Wein

Das (Weizen-)Brot erinnert an Jesu Wort: „Wenn das Weizenkorn nicht in die Erde fällt und stirbt, bleibt es allein; wenn es aber stirbt, bringt es reiche Frucht." (Joh 12, 24)

Das Blut erinnert an den Weinstock, auf den sich Jesus immer wieder bezieht, wie zum Beispiel in seinem Ich-bin-Wort in Joh 15,5: „Ich bin der Weinstock, ihr seid die Reben. Wer in mir bleibt und in wem ich bleibe, der bringt reiche Frucht; denn getrennt von mir könnt ihr nichts vollbringen." Aus der Fülle der Erklärungen hat Henri de Lubac treffend die Deutung des Simon von Tournai aus dem 12. Jahrhundert angeführt, die bis zu den Kirchenvätern zurückreicht. Demnach empfangen wir die Eucharistie in den Gestalten von Wein und Brot aufgrund von vielerlei Bezügen: „Man kann sagen, daß im Altarsakrament zweierlei enthalten ist: der wahre Leib Christi und das, was er bedeutet: nämlich sein mystischer Leib, die Kirche. Wie nun aber ein einziges Brot aus vielen Körnern besteht und eingeweicht, gemahlen und gebacken wird, um zu Brot zu werden, so wird der mystische Leib Christi, d.h. die Kirche, in der zahlreiche Menschen, wie im Brot die Körner, vereinigt sind, durch das Wasser der Taufe befeuchtet, zwischen den zwei Mühlsteinen der Testamente, des Alten und Neuen, oder zwischen den zwei Mühlsteinen der Hoffnung und der Furcht gemahlen, ... schließlich im Feuer des Leidens und der Drangsal gebacken, daß er würdig werde, Leib Christi zu sein. In die Wirklichkeit dieses Leibes wünschte der selige Märtyrer Ignatius einzugehen, als er sagte: Ich bin der Weizen Gottes, möge ich gemahlen werden von den Zähnen der wilden Tiere, auf daß ich das Brot Christi werde. – Gerade so verhält es sich mit dem Wein: aus vielen Beeren strömt er zusammen, und wenn sie gestampft und in der Kelter gekeltert sind, achtet man der wertlosen Rückstände nicht mehr, den Wein hingegen verwahrt man im Keller. So erduldet es auch die heilige Kirche, sich in der Welt wie in einer Kelter auspressen zu lassen ..., wobei, wie der Wein sich von den Rückständen trennt, die Schlechten abgestoßen und die Gerechten erprobt werden. Mit Recht also wird der Leib Christi d. h. die Kirche, unter solchen Gestalten dargestellt."[8]

[8] Lubac, Henri de: Katholizismus als Gemeinschaft. Einsiedeln 1943, 84f.

Tätige Teilnahme

Die Mitwirkung jedes Gläubigen an der heiligen Messe ist wirklich wichtig, ja unerlässlich! Diese Mitwirkung am Heilsgeschehen durch die Gläubigen, die *participatio actuosa*, die aktive und tätige Teilnahme der Gläubigen in der Eucharistiefeier war das Herzstück der Liturgischen Bewegung, das später vom II. Vatikanischen Konzil als Kernanliegen übernommen wurde. So betont deren erstes verabschiedetes Dokument, die Liturgiekonstitution, in der Nr. 48:

> Die Kirche richtet „ihre ganze Sorge darauf, daß die Christen diesem Geheimnis des Glaubens [, der Eucharistiefeier,] nicht wie Außenstehende und stumme Zuschauer beiwohnen; sie sollen vielmehr durch die Riten und Gebete dieses Mysterium [, dieses Geheimnis,] wohl verstehen lernen und so die heilige Handlung bewußt, fromm und tätig mitfeiern, sich durch das Wort Gottes formen lassen, [und] am Tisch des Herrenleibes Stärkung finden".

Der Kern dieses Satzes ist demnach:

- ➔ Die Gläubigen sollen dieses Geheimnis gut verstehen und auf diese Weise „die heilige Handlung bewusst" und innerlich aktiv mitfeiern.
- ➔ Sie sollen „sich durch das Wort Gottes formen lassen" und „am Tisch des Herrenleibes" gestärkt werden.

Hier steht der Gedanke im Hintergrund, dass die Gläubigen sich nähren sollen vom Tisch des Wortes und vom Tisch des Brotes. Beides, die Nahrung durch das Wort Gottes (Wortgottesdienst) und durch das Altarsakrament

(Eucharistiefeier) sind bedeutsam und stärken die Gläubigen.

Bereits hier – wie an vielen anderen Stellen – wird auf die tätige Mitfeier hin gedrungen. Bei dieser tätigen Teilnahme geht es darum, das Wort Gottes offen aufzunehmen und an der Verwandlung des auf den Altar Gelegten mitzuwirken[9]. Es geht darum, sich selbst und der eigenen Hände Arbeit mit Brot und Wein bei der Gabenbereitung auf den Altar zu legen, mitzubeten und sich innerlich von der Größe des Geschehens ganz durchdringen zu lassen. Der Kommentator der Liturgiekonstitution Josef Jungmann SJ verweist darauf, dass mehrere Konzilsväter betont hätten, dass diese Teilnahme „vor allem innerlich sein“ solle, „eine wissende, Herz und Seele emportragende Teilnahme“[10]. Es geht demnach nicht darum, viel zu tun, nicht darum, dass ich viele Gebete spreche oder den Friedensgruß möglichst vielen Menschen gebe. Vielmehr meint die tätige Teilnahme eine innerlich rege Mitfeier der heiligen Messe; es meint, sich mit Herz und Seele emportragen zu lassen.

Wie bei allem heilsschaffenden Handeln Gottes ist der Mensch auch bei der Eucharistiefeier in Freiheit eingeladen, an diesem Heilshandeln mitzuwirken. Der Mensch wird von Gott einbezogen in das Heilswirken – in einer großen eigenen Verantwortung! Der Mensch ist eingeladen, in Freiheit an dem Heilsplan Gottes mitzuwirken und

---

[9] Vgl. Pius XII.: Enzyklika *Mediator Dei* (Anm. 7), 43: „..vereinigen sich im eucharistischen Opfer die Glieder mit ihrem göttlichen Haupt …“; 45 (Überschrift): „Es ist jedoch die Mitwirkung der Gläubigen notwendig“.

[10] $LThK^2$ (E) 52.

„die Welt mitverantwortlich umzugestalten und zu vervollkommnen“[11]. Auf die Umgestaltung der ganzen Schöpfung in jeder Eucharistiefeier hat nicht zuletzt Joseph Ratzinger immer wieder hingewiesen[12].

In dem Maße, wie sich der Mitfeiernde öffnet, ganz offen ist für Gottes Heilshandeln, wird er in die Verwandlung mit hineingenommen, IHM immer mehr gleichförmig gemacht. Auch im eucharistischen Leib verändert der Herr und verwandelt zu sich hin und in sich hinein.

Für das angesprochene bewusste Mitfeiern ist es natürlich wichtig, das Geschehen der heiligen Messe immer tiefer zu erfassen. Hier sind die vielen, guten Erläuterungen zur heiligen Messe eine wertvolle Hilfe, allen voran das letzte nachsynodale Apostolische Schreiben zur Eucharistie, *Sacramentum Caritatis*, von Papst Benedikt XVI. oder das schöne Büchlein des Pallottiners Pater Hans Buob SAC oder das Buch von Pfarrer Ulrich Filler zur heiligen Messe[13]. Sie sind Hilfen, das großartige Geschenk der heiligen Messe immer tiefer zu erfassen, um es so immer inniger mitfeiern zu können.

---

[11] DH 4480 mit Verweis auf Gen 1,26 u. GS 34; dies zeigte sich auch in besonderer Weise im Leben der Gottesmutter, die auf die Frage des Erzengels Gabriel in Freiheit ihr ‚Ja‘ zum Heilsplan Gottes sprach (Lk 1,26-38).

[12] Vgl. JRGS 11, 148-150. 345.

[13] Benedikt XVI.: Nachsynodales Apostolisches Schreiben *Sacramentum Caritatis*. (VApS 177). Bonn 2007; Buob, Hans: Die Eucharistiefeier. Eine Übersetzung vom Deutschen ins Geheimnis. Fremdingen o.J.; Filler, Ulrich: Liturgie. Das Herz der Kirche. Kisslegg [2]2004.

Zum Begriff der tätigen Teilnahme

In der theologischen Sprache wird die rege, innere Mitfeier *participatio actuosa* genannt. Wörtlich übersetzt heißt dies: tätige Teilnahme. Was wird darunter verstanden? Es meint die „volle, bewusste, tätige, fromme und gemeinschaftliche Teilnahme“[14] an der Liturgie. Das II. Vatikanische Konzil sprach von dieser notwendigen Mitwirkung in der heiligen Messe immer wieder. Allein in der Liturgiekonstitution findet sich dieses Anliegen an nicht weniger als 16 Stellen[15]! Papst Benedikt XVI. hat es in seinem im Anschluss an die Bischofssynode zur Eucharistie verfassten Schreiben *Sacramentum Caritatis* später noch weitaus öfter verwendet. Er hat der *actuosa participatio*, der tätigen Teilnahme, sogar ein eigenes Hauptkapitel gewidmet. Dort betont er, dass die so notwendige *actuosa participatio*, die aktive Teilnahme, „nicht eine einfache äußere Aktivität“ meine (Sacr. Car. 52). Es gehe vielmehr, wie es die Liturgiekonstitution des II. Vatikanums sagt, darum, „‚die heilige Handlung bewusst, fromm und tätig‘ mitzufeiern“ (SC 48) mit einem „tieferen Bewusstsein“ für das Geheimnis „und seiner Beziehung zum täglichen Leben“ (Sacr. Car. 52). Immer wieder wünscht sich Papst Benedikt XVI. eine solche volle, aktive, fruchtbare Teilnahme aller Gläubigen (Sacr. Car. 38).

---

[14] Adam, Adolf/Haunerland, Winfried: Grundriss Liturgie. Freiburg/Br. [11]2012, 29.

[15] Vgl. ebd.; insbesondere SC 14-20; weiter findet sich diese wesentliche Haltung im Laienapostolatsdekret *Apostolicam actuositatem*, 4 und 10.

Dieses liturgische Zentralwort ist aber älter. Papst Pius X. hat es erstmals verwendet und die Liturgische Bewegung hat es zu ihrem Leitwort gemacht. Diese Bewegung war im 19. Jahrhundert aus der Bemühung hervorgegangen, die Liturgie besser zu erfassen, um geistlich aus ihr leben zu können. Sie reicht zurück auf die programmatische Ansprache des Benediktiners Lambert Beauduin[16] beim belgischen Katholikentag[17] am 23.9.1909 in Mecheln. In Deutschland wird diese Liturgische Bewegung meist mit Romano Guardini in Verbindung gebracht. Ihr wichtigster Anstoß war der „Volks-Schott", ein Messbuch für das Volk mit einer deutschen Übersetzung der lateinischen Messtexte. Eines ihrer zentralen Anliegen war es, dass die Gläubigen verstehen, was in der heiligen Messe geschieht, und aktiv mitfeiern.

Hieraus entstand als ihr Leitwort die participatio actuosa, die tätige Teilnahme, oder vielleicht noch griffiger und wörtlicher übersetzt, die aktive Teilnahme oder aktive „Teilhaftig-werdung". Im Deutschen findet sich das abgeleitete Wort partizipieren.

Was wird darunter verstanden? Es geht dabei nicht darum, möglichst viele Dienste in der heiligen Messe zu übernehmen oder möglichst vielen Gläubigen bei der heiligen Messe den Friedensgruß zu geben. Nein, es geht um ein innerlich reges Mitfeiern!

[16] Zuvor hatte Papst Pius X. in seiner Enzyklika zur Kirchenmusik *Tra le sollecitudini* dies bereits mit einer Bemerkung schon angesprochen.

[17] Wörtlich: Kongress der katholischen Werke; dieser Begriff als Übersetzung von Balthasar Fischer.

Im Allgemeinen wird diese tätige Teilnahme verstanden als aktives Mitfeiern, konkret alle vorgesehenen Antworten zu geben, die jeweilige Körperhaltung einzunehmen oder durch das eigene Beten und Singen aktiv an der Liturgie teilzunehmen. – Doch das ist nicht alles! Es geht um noch viel mehr als um äußerliches Tun. Es geht um ein innerliches und reges Mitfeiern. Es geht um ein „Sich-verwandeln-Lassen"! Es geht um ein „Sich-hineinnehmen-Lassen" in das großartige Geschehen der Verwandlung der Welt. Dieses Geschehen umfasst nicht nur die Wesensverwandlung von Brot und Wein [Transsubstantiation], sondern das gesamte Geschehen der Liturgie! Umso dringlicher ist eine „Hinführung auf die wesentliche actio", wie Joseph Ratzinger betont, „auf die verwandelnde Macht Gottes, die durch das liturgische Geschehen hindurch uns selbst und die Welt verwandeln möchte".[18] In einem eigenen Kapitel zur tätigen Teilnahme mahnt er daher in seinem Liturgiebuch an, dass „ins Bewusstsein gehoben werden" muss, dass „die äußeren Handlungen durchaus sekundär sind"[19]. Vielmehr fordert er: „Das Agieren muss überhaupt aufhören, wenn das Eigentliche kommt: die oratio [das Gebet]. Und es muss sichtbar sein, dass nur die oratio das Eigentliche ist und dass sie wiederum deshalb wichtig ist, weil sie Raum gibt für die actio Gottes", für das Handeln Gottes[20]. Wie können wir aber an dieser Verwandlung der Welt bei der heiligen Messe mitwirken?

---

[18] JRGS 11, 150.

[19] JRGS 11, 149.

[20] Ebd.

Im Folgenden soll dies anhand einiger Beispiele erläutert werden:

Betreten des Hauses Gottes

Bereits beim Betreten des Gottes Hauses beginnt die tätige Teilnahme, indem ich mich ganz bewusst in Gottes Gegenwart stelle. Es ist ja nicht irgendein Gebäude, das ich betrete, es ist das Haus Gottes! Im Kirchengebäude ist ja Christus im Tabernakel gegenwärtig und er hat bei der Kirchweih das Gebäude mit seiner Herrlichkeit erfüllt. So bin ich bereits beim Betreten der Kirche eingeladen, mich ganz bewusst auf Gott auszurichten, auf die Begegnung mit IHM. Ich bin eingeladen, IHN im Tabernakel zu begrüßen! So kann ich innerlich das tun, wozu die Kirche beim Nehmen des Weihwassers einlädt. Jede Benetzung mit Weihwasser soll mich an die Taufe erinnern und so wird dieser Akt zu einer Erneuerung des Taufbekenntnisses. In dieser Weise bin ich eingeladen, ganz bewusst den Taufbund wieder neu und ganz bewusst anzunehmen und zum Herrn zu sagen: „Ich gehöre Dir!“ Auch das Kreuzzeichen ist eine Kurzform einer Tauferneuerung. Wir sind gerufen, uns dabei ganz bewusst in die dreifaltige Liebe Gottes hineinnehmen zu lassen. Vielleicht ist hier eine Betrachtung zum Kreuzzeichen des hl. Vinzenz Pallotti eine Hilfe: „Erinnere dich, dass du in der Gegenwart Gottes bist und sage im Glauben: Der Vater, der mich geschaffen hat, ist hier; der Sohn, der mich erlöst hat, ist hier; der Heilige Geist, der mich geheiligt hat, ist hier. Ich bin in der Gesellschaft der drei Personen der Heiligsten Dreifaltigkeit."[21] Dies ist eine Hilfe, sich ganz in Gottes Gegenwart zu begeben und sich bewusst zu machen, vor wem wir im Gebet wie auch in jeder heiligen Messe stehen.

Im Namen des Vaters, der mich geschaffen hat, des Sohnes, der mich erlöst hat, und des Heiligen Geistes, der mich geheiligt hat.

In seinem im Anschluss an die Bischofsynode zur Eucharistie verfassten nachsynodalen Apostolischen Schreiben empfiehlt Papst Benedikt XVI. als Bedingung für eine fruchtbare Mitfeier, sich bereits vor der heiligen Messe „zumindest einige Momente" schweigend zu sammeln, innerlich vorzubereiten und dort umzukehren – gegebenenfalls auch mit dem Sakrament der Versöhnung –, wo es dessen noch bedarf (Sacr. Car. 55). Wörtlich benennt er als persönliche Bedingungen: „Ein Element dabei ist sicherlich der Geist fortwährender innerer Umkehr, der das Leben aller Gläubigen kennzeichnen muss. Man kann sich keine aktive Teilnahme an der eucharistischen Liturgie erwarten, wenn man nur oberflächlich dabei ist, ohne zuvor das eigene Leben überprüft zu haben. Eine solche innere Bereitschaft wird gefördert zum Beispiel durch Sammlung und Schweigen, zumindest einige Momente vor Beginn der Liturgie, durch Fasten und, wenn nötig, durch die sakramentale Beichte. Ein mit Gott versöhntes Herz befähigt zu wahrer Teilnahme" (Sacr. Car. 55).

[21] Pallotti, Vincenzo: Scritti Spirituali (Opere Complete 11). Hg. v. Francesco Moccia. Roma 1980, 236.

Kreuzzeichen

Wie bereits das Kreuzzeichen mit dem Weihwasser, so ist auch das Kreuzzeichen zu Beginn der heiligen Messe eine Chance, sich ganz bewusst in die dreifaltige Liebe Gottes hineinnehmen zu lassen. Bei „der Hingabe seines Lebens" hat Jesus „um uns alle gewußt, uns alle geliebt", jeden Einzelnen[22]. Jesus ist für alle Menschen gestorben und wurde damit zum Urheber des ewigen Heils (Hebr 5,9). Für all das ist das Kreuz ein Zeichen der Erinnerung. Daher verehrt die Kirche das Kreuz am Karfreitag, indem sie singt: „O heiliges Kreuz, sei uns gegrüßt, du einzige Hoffnung dieser Welt" (Hymnus *Vexilla regis*).

Mit jedem Kreuzzeichen, das wir machen, erinnern wir uns an dieses großartige Geschehen und lassen uns in Gottes Liebe hineinnehmen. Wenn wir das Kreuzzeichen machen, bekennen wir uns dazu. „Sich mit dem Zeichen des Kreuzes zu besiegeln, ist ein sichtbares und öffentliches Ja zu dem, der gelitten hat für uns; zu dem, der im Leib die Liebe Gottes bis zum Äußersten sichtbar gemacht hat; zu dem Gott, der nicht durch Zerstören, sondern durch die Demut des Leidens und der Liebe regiert" – so Joseph Ratzinger in seinem Werk zum Geist der Liturgie; diese Liebe aber ist stärker als „alle Macht der Welt und weiser als alle berechnende Intelligenz der Menschen", wie er in Anlehnung an das berühmte Wort vom Kreuz des Apostels Paulus betont (vgl. 1 Kor 1,18-25)[23]. „Das Kreuzzeichen ist

[22] KKK 616; vgl. Gal 2,20; Eph 5,2.25.

[23] JRGS 11, 152.

ein Glaubensbekenntnis: Ich glaube an den, der für mich gelitten hat und der auferstanden ist; an den, der das Zeichen der Schande in ein Zeichen der Hoffnung und der uns gegenwärtigen Liebe Gottes umgewandelt hat. Das Glaubensbekenntnis ist ein Hoffnungsbekenntnis: Ich glaube an den, der in seiner Schwachheit der Allmächtige ist; an den, der gerade in der scheinbaren Abwesenheit und in der scheinbaren Ohnmacht mich retten kann und retten wird."[24] Wenn wir das Kreuzzeichen machen, „stellen wir uns unter den Schutz des Kreuzes, halten es gleichsam wie einen Schild vor uns hin, der uns deckt in den Bedrängnissen unserer Tage und uns Mut gibt zum Weitergehen"[25]. Es ist ein Wegweiser und Aufruf weiterzugehen: Wer Jesu Jünger sein will, der verleugne „sich selbst, nehme sein Kreuz auf sich und folge mir nach" (Mk 8,34). Das Kreuz zeigt uns den Weg der Nachfolge Christi. Ihm nachzufolgen, kostete bereits die Jünger sehr viel, wie wir in der Apostelgeschichte hören. Aber es hielt sie nicht davon ab, weiter Zeugnis zu geben.

Das Zeugnis für Christi Kreuz ist Ärgernis. Doch ist das Kreuz stärker als die Weisheit der Welt. Es ist stärker und weiser. Das Kreuz ist aber nicht nur ein Passionszeichen, es ist nicht nur Zeichen für Jesu Leiden, es weist zugleich auch auf die Überwindung des Todes, auf seine Auferweckung hin. Mit jedem Kreuzzeichen dürfen wir das großartige Geschehen der Taufe neu annehmen und uns daran erinnern, wie wir eine Neuschöpfung wurden: Wir wurden Kinder

---

[24] Ebd.

[25] Ebd.

Gottes, Brüder und Schwestern Christi und erhielten Anteil am Wesen Gottes! An alles dies dürfen wir uns bei jedem Kreuzzeichen erinnern und es erneuern.

Bußakt

Nach dem Kreuzzeichen sind wir eingeladen, uns für das großartige Geschehen der heiligen Messe zu bereiten. Dazu ist es notwendig, alles zu beseitigen, was der Mitfeier entgegensteht. Daher folgt nach der Begrüßung die Besinnung auf mögliche Hindernisse. Es ist wichtig, den Bußakt – früher Confiteor bzw. Schuldbekenntnis genannt – wirklich ganz bewusst zu vollziehen. Daher ist an dieser Stelle eine kurze Stille vorgesehen, in der sich sowohl der Priester als auch die Gläubigen besinnen und überlegen, was an Sünden zwischen Gott und ihnen den Gnadenstrom behindert. Wir sind eingeladen, alles auszuräumen, was unserer tätigen Teilnahme entgegensteht. Mit unserer Taufe wurden wir Teil des Leibes Christi und erhielten Anteil am Wesen Gottes. Diese Taufgnade gilt es zu erneuern, sich neu daran zu erinnern und sie so zu vertiefen. Es ist wichtig, alles zu beseitigen, was uns hindert, die heilige Messe mit ganzem Herzen feiern zu können. Hier gilt es zu bereuen, sich selbst und den Mitmenschen zu vergeben und Gott um Verzeihung zu bitten.

Wir dürfen uns das Wort Jesu aus Mt 5,23f in Erinnerung rufen: „Wenn du deine Opfergabe zum Altar bringst und dir dabei einfällt, dass dein Bruder etwas gegen dich hat, so lass deine Gabe dort vor dem Altar liegen; geh und versöhne dich zuerst mit deinem Bruder, dann komm und opfere deine Gabe!“ Es ist dies ein ganz wesentlicher Schritt – die innere Versöhnung! Manchmal ist ein äußerer Akt nicht möglich, doch innerlich kann dies geschehen. Vergessen wir nie: Versöhne dich zuerst, setze einen inneren Akt gegen Groll und Unversöhntheit, bevor du die heilige Messe mitfeierst (vgl. Mt 5,23f; 6,14; Mk 11,25)! Sie sehen schon, warum es genug Zeit für diesen Akt geben sollte – und dies eigentlich auch so vorgesehen ist! In der Praxis sieht das vielfach anders aus. Umso wichtiger ist es, sich bereits vor der heiligen Messe eine Besinnungszeit zu nehmen. Nach diesem inneren Akt kann nun die Mitfeier zu einer „mit innerer Teilnahme erlebte[n] liturgische[n] Feier“ werden, wie Papst Benedikt XVI. es sehr treffend in *Sacramentum Caritatis* auf den Punkt bringt[26]. Dabei hebt er einerseits die innerliche Mitfeier und andererseits das Erleben hervor.

So kann nach dem Bekenntnis der eigenen Sündhaftigkeit nun der Blutkreislauf der Gnade im Leib Christi fließen und Christus wird mit Lobpreis im Kyrie begrüßt, das am Sonntag und an einem Festtag in das Gloria mündet.

---

[26] Kapitelüberschrift vor Sacr. Car. 64.

Tagesgebet

Ein entscheidender Punkt beim inneren Mitbeten ist dann erneut das Tagesgebet. Es ist zwar ein vom Priester gesprochenes Gebet, aber es lädt die Gemeinde ein, zusammen durch Christus den Vater zu bitten. In der Grundordnung des Römischen Messbuchs heißt es dazu: Der Priester lädt „das Volk zum Gebet ein; alle halten zusammen mit dem Priester eine kurze Stille, um sich darauf zu besinnen, dass sie vor dem Angesicht Gottes stehen und um ihre Bitten im Herzen aussprechen zu können. Dann betet der Priester das Gebet, das ‚Tagesgebet', … Das Volk schließt sich dem Gebet an und macht es durch den Ruf *Amen* zu seinem Gebet."[27] Eine Gewissensfrage: Sind Sie sich bewusst, dass Sie in jeder heiligen Messe vor dem Angesicht Gottes stehen? Bringen Sie Ihre Bitten im Herzen vor Gott?

War Ihnen bewusst, dass das Tagesgebet, auch „Collecta" (lat. colligere = sammeln) genannt, ein „Sammelgebet" ist, in dem Christus die persönlichen Anliegen der Gläubigen als seine Anliegen vor den Vater bringt? Daher schreibt P. Buob treffend, es solle zu Beginn des Tagesgebetes „nach der Einladung des Priesters: ‚Lasset uns beten!' eine Pause eingehalten werden, in der jeder seine persönlichen Anliegen vorbringen kann. Wer aber nimmt diese Möglichkeit

---

[27] Deutsche Bischofskonferenz (Hg.): GRUNDORDNUNG DES RÖMISCHEN MESSBUCHS Vorabpublikation zum Deutschen Messbuch. (Arbeitshilfen Nr. 215). Bonn ²2007, 54; im Folgenden GORM abgekürzt; bestellbar bei den Veröffentlichungen der Deutschen Bischofskonferenz oder online abrufbar; die farbliche Hervorhebung wurde hier kursiv gedruckt.

wahr? Wem bedeutet es etwas, dass Christus selber die Anliegen eines jeden zu den seinen macht und sie dem Vater vorträgt?“[28] Sie sehen, welche große Chance zu einer Mitwirkung auch an dieser Stelle besteht.

Lesungen

Gehen wir nun aber zu den Lesungen über. Auch hier soll die innere rege Mitfeier ausgeübt werden. Die Gläubigen sollen sich durch das Wort Gottes formen lassen (vgl. SC 48 / Sacr. Car. 52). Um das Wort Gottes wirklich offen aufzunehmen als ein Wort von Gott heute, hier und jetzt für mein konkretes Leben, ist es eine Hilfe, es sich schon vorab durchzulesen und zu betrachten. Hierfür gibt es den Schott oder andere Hilfen wie das Magnificat oder Te Deum oder die entsprechenden Seiten online im Internet (z. B. Homepage der Erzabtei Beuron / des Deutschen Liturgischen Instituts).

Dabei darf ich mich fragen: was will mir Gott heute ganz konkret für mein Leben mitgeben? Das Wort Gottes dient einerseits der Stärkung des eigenen Glaubens (vgl. Röm 10,17 / Sacr. Car. 44), andererseits bereitet es die Aufnahme des Leibes Christi vor und führt zum Empfang hin. In der Grundordnung heißt es dazu: „Wenn in der Kirche die Heiligen Schriften gelesen werden, spricht Gott selbst zu seinem Volk und verkündet Christus, gegenwärtig in seinem Wort, das Evangelium“ (GORM 29).

[28] Buob, Hans: Die Eucharistiefeier (Anm. 13), 22.

Treffend bringt dies Papst Benedikt XVI. auf den Punkt: Das Wort Gottes ist „das fleischgewordene Wort (vgl. *Joh* 1,14); es besitzt einen inneren Bezug zur Person Christi und zur sakramentalen Weise seines Gegenwärtigbleibens. Christus spricht nicht in der Vergangenheit, sondern in unserer Gegenwart“ (Sacr. Car. 45). Demnach betont der Papst, dass das Wort Gottes immer für unser Hier und Heute zu uns gesprochen wird.

So dürfen wir also in den Lesungen mit einer ganz offenen Erwartungshaltung darauf lauschen, was der HERR uns heute für unser Leben sagen will [->vergleiche Kapitel zum Wort Gottes weiter hinten in diesem Buch]!

Gabenbereitung

Eine weitere sehr wesentliche Mitwirkung der Gläubigen ist das Sich-Hingeben bei der Darbringung der Gaben. Dieses wirklich sehr bedeutsame, ja unerlässliche Geschehen vollzieht sich nach den Fürbitten bei der Gabenbereitung. Die Gläubigen sind eingeladen, an der Verwandlung des „Auf-den-Altar-Gelegten“ mitzuwirken[29], sich selbst, der eigenen Hände Arbeit, zusammen mit Brot und Wein bei der Gabenbereitung auf den Altar zu legen, mitzubeten und sich innerlich von der Größe des Geschehens ganz durchdringen zu lassen.

Mancher könnte versucht sein, seine tätige Teilnahme als

[29] Vgl. Anm. 9.

unwesentlich einzuschätzen. Doch sagt die Kirchenkonstitution des II. Vatikanischen Konzils, *Lumen gentium*, eindeutig, dass die Gläubigen „das göttliche Opferlamm Gott dar[bringen] und sich selbst mit ihm[30]; so übernehmen alle bei der liturgischen Handlung ihren je eigenen Teil, sowohl in der Darbringung wie in der heiligen Kommunion, nicht unterschiedslos, sondern jeder auf seine Art" (LG 11). Die Konzilsväter drücken damit klar aus, dass *alle* am eucharistischen Opfer beteiligt sind. Dabei haben alle ihre je eigene Aufgabe, die bedeutsam ist. Natürlich gibt es ohne geweihten Priester kein Opfer, „er vollzieht in der Person Christi das eucharistische Opfer und bringt es im Namen des ganzen Volkes Gott dar" (LG 10). Doch wirken die Gläubigen „kraft ihres königlichen Priestertums an der eucharistischen Darbringung mit[31] und üben ihr Priestertum aus im Empfang der Sakramente, im Gebet, in der Danksagung, im Zeugnis eines heiligen Lebens, durch Selbstverleugnung und tätige Liebe" (LG 10). So bringen die Gläubigen mit dem Priester das Opfer dar und sollen sich selbst mit dessen Darbringung vereinen. Sie sollen sich selbst, das eigene Leben hineinlegen.

Papst Benedikt XVI. formuliert dazu in *Sacramentum Caritatis*: „Die große liturgische Tradition der Kirche lehrt uns, daß es für eine fruchtbare Teilnahme nötig ist, per-

---

[30] LG 11 mit Verweis auf: „Pius XII., Enz. *Mediator Dei*, 20. Nov. 1947: AAS 39 (1947) bes. s. 552f."

[31] Vgl. Pius XI., Enzyklika *Miserentissimus Redemptor*, 8. Mai 1928: AAS 20 (1928) 171f. Pius XII., Ansprache *Vous nous avez*, 22. Sept. 1956: AAS 48 (1956) 714.

sönlich dem gefeierten Mysterium [Geheimnis] zu entsprechen, indem man das eigene Leben in Einheit mit dem Opfer Christi hingibt für das Heil der ganzen Welt" (64). Dieses Geschehen beschreibt er etwas genauer:

> „In Brot und Wein, die wir zum Altar bringen, wird die ganze Schöpfung von Christus, dem Erlöser, angenommen, um verwandelt und dem Vater dargeboten zu werden[32]. So gesehen, tragen wir auch alles Leid und allen Schmerz der Welt zum Altar, in der Gewißheit, daß in den Augen Gottes alles kostbar ist. Diese Handlung … erlaubt, die ursprüngliche Beteiligung, die Gott vom Menschen verlangt, um das göttliche Werk in ihm zu vollenden, auszuwerten und auf diese Weise der menschlichen Arbeit ihren letzten Sinn zu geben: [nämlich] durch die Eucharistiefeier mit dem erlösenden Opfer Christi vereint zu werden" (47).

Das ist wahrer Mitvollzug der Eucharistiefeier: das eigene Selbst und unserer Hände Arbeit in der Gabenbereitung hinzugeben.

Damit verweist der Papst auf die Aufgabe der Menschen, ihre Mühen der Arbeit, ihr Leid und ihren Schmerz, kurz sich selbst mit allen Opfern des Lebens, auf den Altar zu legen und „mit dem erlösenden Opfer Christi" zu vereinen und so zur Vollendung zu bringen.

Darin besteht die so wesentliche Mitwirkung an der Eucharistiefeier: das eigene Selbst und unserer Hände Arbeit in der Gabenbereitung auf den Altar zu legen! Auf diese Weise wird unsere Hingabe vereint mit Jesu Selbsthingabe

[32] Sacr. Car. 47 mit Verweis auf: *Propositio* 20.

am Kreuz. Er hat sich für uns hingegeben, und in gleicher Weise sind wir eingeladen, uns dem Vater zu schenken.

> **Wir sind gerufen, UNS hinzugeben, so dass die Verwandlung der Gaben zu einem Umschmelzungsprozess für uns selber wird, aus unserem verengten Eigenwillen heraus in die Einheit mit dem Willen Gottes hinein.**

Wir sind eingeladen, uns mit Jesu Opferliebe zu verbinden. Wir sind gerufen, uns hinzugeben, so dass die Verwandlung der Gaben zu einem Umschmelzungsprozess wird „für uns selber …: aus dem verengten Eigenwillen heraus in die Einheit mit dem Gotteswillen hinein“[33] – wie Joseph Ratzinger es einmal formulierte.

So wird die Eucharistiefeier ihrem Wesen entsprechend eine Darbringung *aller* Gläubigen, aller Glieder des Leibes Christi. Und *alle* Gläubigen werden zusammen mit den eucharistischen Gaben durch den Heiligen Geist gewandelt aus der menschlichen Begrenzung heraus hin zur Vollendung. Durch die „Kraft des Heiligen Geistes“ werden „die von Menschen dargebrachten Gaben“ gewandelt, sie werden „Leib und Blut Christi … und damit die makellose Opfergabe, die in der Kommunion empfangen wird“[34].

Hingabe

Was aber ist der tiefere Sinn der Gabenbereitung? Die Kongregation für den Gottesdienst und die Sakramentenordnung schreibt dazu: „Die äußeren Gaben müssen aber

[33] JRGS 11, 419.

[34] Sacr. Car. 48 mit Verweis auf GORM 79d.

immer sichtbarer Ausdruck jener wahren Hingabe sein, die der Herr von uns erwartet, nämlich eines reumütigen Herzens und der Liebe zu Gott und dem Nächsten; dadurch werden wir dem Opfer Christi gleichgestaltet, der sich selbst für uns hingegeben hat."[35] Damit legt sie das Augenmerk auf die notwendige Hingabe der Gläubigen, auf ihr inneres Mittun. Indem diese sich innerlich auf den Altar legen, geben sie sich Gott hin und werden mit ihm vereint dem Vater dargebracht.

Erhebet die Herzen

Nach der Gabenbereitung kommt als Hinführung zur Wandlung ein entscheidender Moment. Der Priester spricht: „Erhebet die Herzen." Hierauf antworten die Gläubigen: „Wir haben sie beim Herrn." Hier kann sich der Mitfeiernde fragen, ob sein Herz wirklich beim Herrn ist. Es ist so leicht, ganz selbstverständlich darauf zu antworten.

Papst Franziskus hat 2017 im Rahmen einer Katechesenreihe die heilige Messe erläutert und dabei betont, dass es bei den Worten des Priesters „erhebet die Herzen" wirklich um diesen Akt der Erhebung der Herzen gehe; es gehe darum, das Herz zu Gott zu erheben. Weiter ermahnte der Papst, sich von diesem inneren Geschehen nicht ablenken zu lassen. Es meine nicht, die Handys zu erheben, um zu fotografieren. Es gehe darum, eine wirkliche Gottesbeziehung

---

[35] Instruktion *Redemptionis Sacramentum* (VApS 164). Bonn 2004, 43.

einzugehen und nicht oberflächliche Verhaltensweisen an den Tag zu legen. Daher schmerze es ihn, Franziskus, wenn Gläubige und erst recht Priester oder sogar Bischöfe statt der Herzen die Handys heben, um Aufnahmen zu machen. Wörtlich sagte er in seiner klaren und deutlichen Art:

> „Ich bitte euch! Die Messe ist keine Show: Sie bedeutet, dem Leiden und der Auferstehung des Herrn zu begegnen. Daher sagt der Priester: ‚Erhebt die Herzen.‘ Was bedeutet das? Denkt daran: keine Handys!“[36]

Heilig – Heilig – Heilig

Das dreimalige Sanctus/Heilig bezieht sich auf die Heilige Dreifaltigkeit. Es wird vom ganzen Volk zusammen mit dem Priester angestimmt oder gesprochen (GORM 79b). „Das Sanctus gehört zum ältesten Gut fast aller Liturgien, zu seinem ersten Teil gibt es Parallelen im jüdischen Synagogengottesdienst.“[37] Dieser Lobpreis greift die Vision des Propheten Jesaja auf, der Engel sieht, die um den Thron Gottes schweben und singen: „Heilig, heilig, heilig ist der HERR der Heerscharen. Erfüllt ist die ganze Erde von seiner Herrlichkeit“ (Jes 6,3). Er greift weiter die Lob- und Jubelrufe des Volkes auf, die Jesus beim Einzug in Jerusalem

---

[36] Generalaudienz vom 08.11.2017; zitiert nach: https://www.vatican.va/content/francesco/de/audiences/2017/documents/papa-francesco_20171108_udienza-generale.html vom 28.12.2017.

[37] Adam, Adolf/Haunerland, Winfried: Grundriss Liturgie. Freiburg/Br. [11]2012, 241.

ehrten (Mt 21,9). Der Jubelruf, das hebräische Wort Hosanna, bedeutet ursprünglich „hilf doch“ und wurde dann zu einem Jubelruf über Gottes Größe. Wir sind eingeladen, mit ganzem Herzen darin einzustimmen.

Amen – ich glaube!

Nun möchte ich noch kurz auf einen weiteren wichtigen Moment während der heiligen Messe eingehen, der vielfach in seiner Bedeutung unterschätzt wird. Nach der Wandlung, am Ende des Hochgebetes, erfolgt als feierlicher Höhepunkt die Darbringung an den Vater. Am Ende dieses großartigen Lobpreises bestätigen die Gläubigen dieses herrliche Gesamtgeschehen mit einem feierlichen *Amen*, einem feierlichen *so sei es*.

Dieses *Amen* ist nicht eines von vielen *Amen*. Es ist die feierliche Bestätigung dieses großartigen Geschehens des Abschlusses der Darbringung und des Lobes durch die Gläubigen!

Die Gläubigen bestätigen dies durch ihr gesprochenes *Amen*. Die Gläubigen bestätigen ihre Zustimmung zum gesamten Hochgebet, sie bestätigen ihre Einheit mit dem Papst, den Bischöfen, Priestern, Diakonen und allen, die zum Dienst in der Kirche bestellt sind. Und sie bestätigen feierlich – wie auch später beim Kommunionempfang: „Ja, ich glaube, das ist der Leib Christi!“

Wenn wir uns dessen bewusst werden, was in jeder Eucharistiefeier geschieht, und wir mit *Amen* bestätigen, können wir nur anbetend auf die Knie fallen. Auf die so wesentliche Ehrfurcht bei der Feier der heiligen Messe hat Papst Benedikt XVI. ebenfalls in dem genannten Schreiben hingewiesen. Er bat darum, dass „jeder das lebendige Bewußtsein haben und zum Ausdruck bringen [solle], daß er sich in jeder Feier vor der unendlichen Majestät Gottes befindet, die auf demütige Weise in den sakramentalen Zeichen zu uns kommt" (Sacr. Car. 65).

Das können wir uns nicht oft genug in Erinnerung rufen, dass wir uns „vor der unendlichen Majestät Gottes" befinden, „die auf demütige Weise in den sakramentalen Zeichen zu uns kommt"! Etwas davon drücken wir aus, wenn wir in jeder heiligen Messe mit den Worten des Hauptmanns von Kafarnaum bekennen:

> „Herr, ich bin nicht würdig, dass du eingehst unter mein Dach, aber sprich nur ein Wort, so wird meine Seele gesund."[38]

Betrachten wir einmal, was wir da beten! Wir bekennen, dass mit dem Empfang des Leibes Christi unsere Seele gesund wird! „Kauen" wir einmal dieses Wort und machen wir uns immer wieder aufs Neue bewusst, welch heilende Wirkung von Jesus ausgeht, und öffnen wir uns diesem wunderbaren Geschehen!

---

[38] Das Messbuch für die Bistümer des deutschen Sprachraumes. Freiburg/Br. 1976; vgl. Mt 8,8// Lk 7,7.

Ein weiteres wichtiges AMEN!

Die Grundordnung Nr. 84 schreibt zum Kommunionempfang: „Der Priester bereitet sich mit dem entsprechenden stillen Gebet vor, damit er den Leib und das Blut Christi fruchtbringend empfängt. Auch die Gläubigen tun dies, indem sie schweigend beten."

Die Spendung der Kommunion erfolgt stets mit der sogenannten Spendeformel, d.h. der eucharistische Herr wird gezeigt mit den Worten: „Der Leib Christi". Hierauf entgegnet der Empfangende *Amen* , übersetzt „so ist es"! Der Empfangende bestätigt seinen Glauben an den Herrn im eucharistischen Leib. Dieses wichtige Bekenntnis bei der Austeilung der Kommunion wurde zeitweilig durch Corona abgeschafft und fällt aus diesem Grunde vielfach immer noch weg oder geht unter. Doch es ist entscheidend, dass der Empfangende auch wirklich glaubt und diesen Glauben bekennt – nicht nur mit dem Herzen! Auch dieses *Amen* ist wirklich wichtig.

IHM einen Empfang bereiten

So kommt schließlich der Höhepunkt, der großartige Moment, den Herrn empfangen zu dürfen. Dabei geht es aber nicht nur darum, dem Herrn einen Empfang zu bereiten, sondern vor allem darum, sich selbst zu öffnen und den Herrn zu empfangen. In einer sehr anschaulichen Predigt zu Fronleichnam hat Joseph Ratzinger eine Verbindung gezogen zu der mit diesem Fest verbundenen Prozession.

Dies sei eine Weise, dem Herrn entgegenzugehen. Wörtlich beschreibt er das Festgeschehen folgendermaßen: „Dass wir ihm einen Einzug bereiten, dass wir ihn einholen, dass wir ihn, den Herrn der kommenden Welt, jetzt schon als den Herrn, dem alles gehört, anerkennen und ihm so Weggeleit geben. Oder noch einfacher gesagt: Es besteht darin, dass wir dem Herrn einen Empfang bereiten."[39] Wir empfangen „nicht irgendjemanden …, sondern den, der wirklich der Herr des Ganzen ist"[40]. Aus diesem Grunde ist dieses Empfangen eine Anerkennung seines ganzen HERR-Seins, seiner Größe und Macht. Es ist Anbetung! Anbetung heißt also nichts anderes, als den Herrn zu empfangen, wie es ihm gebührt, *Ihn* anzuerkennen in seinem Gott-Sein und das eigene Leben ganz auf *Ihn* auszurichten. Daher folgert Joseph Ratzinger dann: „Man kann eben den Herrn nicht essen, wie man irgendein Stück Brot isst. Man muss ihn empfangen und solches Empfangen muss ausgefaltet werden in seine seelische Tiefe und in seine menschliche Größe und Weite und Festlichkeit hinein."[41]

> Man muss den Herrn auch wirklich empfangen, IHM einen Empfang bereiten!

Ja, bereiten wir dem Herrn einen festlichen Empfang! Bereiten wir unsere Seele regelmäßig durch das Sakrament der Vergebung auf den großen Empfang vor!
Vielleicht hilft dabei, uns das Geschehen des Palmsonntags mit seinen Hosianna-Rufen, dem Zuwinken mit Palmzwei-

[39] JRGS 14/2, 1088.

[40] Ebd.

[41] Ebd., 1089.

gen und der Ausbreitung der Kleider für den Herrn in Erinnerung zu rufen?
Überlegen Sie selbst, wie Sie dem Herrn den Empfang bereiten können, IHN gebührend empfangen können!

Gegenseitige Durchdringung – Heilige Kommunion

Es gibt keine andere monotheistische Religion, bei der sich der Mensch mit Gott vereinigen und Anteil am göttlichen Leben erhalten kann. Nur im Christentum durchdringt Gott den Menschen bei jedem Empfang der Heiligen Kommunion, wie Metropolit Hilarion beim 52. Eucharistischen Kongress in Budapest 2021 betonte. Je mehr der Mensch auf dieses großartige Geschehen vorbereitet ist (durch das Gebet und das Sakrament der Vergebung) und sich öffnet, vermag Gott sich zu verschenken. Je mehr sich der Mensch hingibt, tätig am Geschehen mitwirkt, desto mehr kann Gott ihn durchdringen.

Manch einer könnte meinen, dass es ausreiche, zur Heiligen Kommunion zu gehen, um verwandelt zu werden. Doch dann wären wir alle bereits heilig, alle, die regelmäßig den Leib Christi empfangen. Christus vereint sich zwar bei jedem Empfang der Eucharistie mit uns, er geht ganz in uns ein. Wir aber sind oft nicht in der Lage, uns mit ihm zu vereinen. Wir sind außerhalb von ihm – sei es aufgrund der Sünden, sei es, weil wir mit unseren Gedanken nicht beim heiligen Geschehen sind. Es besteht ein großer Unterschied zwischen dem, was wir sind, und dem, wozu wir berufen sind. Machen wir uns daher immer wieder neu dieses große Geschenk bewusst: „Der Empfang der Eucharistie in der Kommunion bringt als Hauptfrucht die innige Vereinigung mit Christus Jesus. Der Herr sagt ja: ‚Wer mein Fleisch ißt und mein Blut trinkt, der bleibt in mir, und ich bleibe in ihm‘ (Joh 6,56)" (KKK 1391). Dies ist nicht ohne Folgen: Der Katechismus vergleicht es sehr treffend: „Was die leibliche Speise in unserem leiblichen Leben, bewirkt die Kommunion auf wunderbare Weise in unserem geistlichen Leben. Die Kommunion mit dem Fleisch des auferstandenen Christus, ‚das durch den Heiligen Geist lebt und Leben schafft‘ (PO 5), bewahrt, vermehrt und erneuert das in der Taufe erhaltene Gnadenleben" (KKK 1392). Verschiedene Mystiker schreiben, dass die heilige Messe das vollständigste Mittel der Vereinigung mit Gott ist. Christus nimmt uns in sich selbst auf. Dies betont ebenfalls Papst Benedikt XVI., indem er den heiligen Augustinus zitiert: „Mit diesen [Zeichen von Brot und Wein] wollte Christus, der Herr, uns seinen Leib anvertrauen und sein Blut, das er für uns zur Vergebung der Sünden vergossen hat. Wenn ihr beides in rechter Weise empfangen habt, seid ihr selber das, was ihr empfangen habt."[42] Deshalb „sind wir nicht nur Christen geworden, sondern wir sind Christus selbst geworden".[43] Dieses geheimnisvolle Handeln Gottes scheint ein fast unfassbares Geschehen, „das zur tiefen Ein-

---

[42] Benedikt XVI.: Nachsynodales Apostolisches Schreiben *Sacramentum Caritatis* (VApS 177). Bonn 2007, 56, mit Verweis auf „*Sermo* 227,1: *PL* 38, 1099".

[43] Ebd. mit Verweis auf: „Augustinus, In Iohannis Evangelium Tractatus, 21,8: *PL*3 5, 1568".

heit zwischen uns und Jesus, dem Herrn, führt: ‚Man muß nämlich nicht glauben, Christus sei im Haupt, ohne auch im Leib zu sein: Er ist ganz und gar im Haupt und im Leib'"[44]. Dieses ungeheuerliche Geschehen gilt es, immer wieder neu zu betrachten.

Eucharistie als Sehnsucht des Herrn nach Vereinigung mit uns

Vielleicht hilft zum tieferen Erfassen des großartigen Geschehens der heiligen Messe ein etwas ungewöhnlicher Ansatz: Verändern wir doch einmal unseren Blick und fragen uns: Wie geht es Jesus bei diesem großartigen Geschehen seiner Selbsthingabe?

ER schenkt sich uns im eucharistischen Messopfer.

ER schenkt sich uns aufgrund seiner großen Sehnsucht nach Vereinigung mit uns.

ER sehnt sich danach, sich mit uns zu vereinen.

Die Eucharistiefeier ist Frucht dieser SEINER Sehnsucht, sich mit uns zu vereinen und uns zu verwandeln, uns immer mehr zu heiligen, uns immer mehr zu dem zu gestalten, was ER von Anbeginn in uns sah! Die Kirchenkonstitution des II. Vatikanums sagt, dass, sooft das Kreuzesopfer auf dem Altar gefeiert wird, sich das Werk unserer Erlösung vollzieht und in Christus alles erneuert wird (vgl. LG 3).

---

[44] Ebd., 28,1: PL 35, 1622.

In der Eucharistiefeier vollzieht Gott SEINE Sehnsucht, sich mit uns zu vereinen, uns zu verwandeln, uns sich immer mehr gleichzugestalten, ja die ganze Erde zu erneuern! Von dieser Sehnsucht hören wir auch in Lk 22,15. Hier spricht Jesus davon, wie sehr er sich danach sehnte, dieses Letzte Abendmahl mit uns zu feiern. Wörtlich sagt er:

> „Mit großer Sehnsucht habe ich danach verlangt, vor meinem Leiden dieses Paschamahl mit euch zu essen."[45]

Er hat sich so sehr danach gesehnt, sich in Liebe an uns zu verschenken! Bevor er sich selbst als Opfer am Kreuz darbringt, will er dieses Geschenk der Hingabe seiner selbst unblutig in der Gestalt des Mahles mit seinen Jüngern feiern. Was für eine Liebe!

Jesus hat sich so sehr danach gesehnt, sich uns zu schenken, sich mit uns zu vereinen und uns zu heiligen. Wie aber ist unsere Antwort auf diese übergroße Sehnsucht? Wie empfange ich ihn? Strecken wir uns mit ganzer Sehnsucht nach dieser unendlichen Liebe aus! Öffnen wir unser Herz für diese Liebe! Dann kann er uns reich beschenken!
Jesus hat sich in einer für menschliches Denken unbegreiflichen Liebe danach gesehnt, sich ganz an uns zu verschenken, in uns einzugehen, mit uns eins zu werden.

Öffnen wir uns dieser unbegrenzten, absoluten Liebe! Und betrachten wir, was da geschieht, wenn wir den Herrn aufnehmen: Wir werden Tempel Gottes! Was für eine un-

[45] Lk 22,15; an diesen Ausruf knüpft Papst Franziskus in seinem Apostolischen Schreiben *Desiderio desideravi* (Anm. 2) an und macht ihn zugleich zu dem Titel seines liturgischen Schreibens.

begreifliche Würde: Wir tragen Christus in uns! Er geht in uns ein!

In Joh 6,56 hören wir: „Wer mein Fleisch isst und mein Blut trinkt, der bleibt in mir und ich bleibe in ihm." Der Empfang des Leibes Christi verbindet in engster Weise mit Christus. Wir werden mit ihm eins. Er lebt in uns und wir leben durch ihn. Wir werden ganz eins mit Christus in einer unüberbietbar engen Verbindung als Christen mit Christus. Es gibt nichts Vergleichbares. Es ist einmalig, wie wir mit Christus eins werden.

Wenn ich mich diesem Beziehungsgeschehen öffne, kann der Heilige Geist fließen, dann kann Leben fließen. Zu Schwester Faustine sagte Jesus: *„Ich will Mich mit den Seelen der Menschen vereinen; Meine Wonne ist es, Mich mit Seelen zu vereinigen. Wisse …, wenn Ich in der heiligen Kommunion ins Herz der Menschen komme, sind Meine Hände voller Gnaden, die Ich den Seelen geben will. Aber sie beachten Mich nicht; sie lassen Mich allein und befassen sich mit etwas anderem. Es macht Mich traurig, daß die Seelen die Liebe nicht erkannt haben. Sie gehen mit Mir um wie mit etwas Leblosem."*[46] Hier hören wir, wie sehr der Herr sich danach sehnt, sich mit uns zu vereinen und uns in der Kommunion Gnaden zu schenken! Wir hören aber auch, wie sehr er darunter leidet, wenn wir keine Beziehung mit ihm eingehen wollen.

---

[46] Kowalska, Maria Faustyna: Tagebuch der Schwester Maria Faustyna Kowalska aus der Kongregation der Muttergottes der Barmherzigkeit. Hauteville/CH ²2000, Nr. 1385.

Die Zeit der Vereinigung mit dem Herrn in der Eucharistie ist so wertvoll! Auch Papst Benedikt XVI. hat in *Sacramentum Caritatis* angemahnt, die „kostbare Zeit der Danksagung nach der Kommunion nicht“ zu vernachlässigen und „gesammelt im Schweigen zu verharren“ (Nr. 50).
Die Zeit nach dem Empfang des Leibes Christi ist die kostbarste Zeit der persönlichen Begegnung mit dem uns unermesslich liebenden Gott!

ER will uns begegnen.
ER möchte uns heilen.
ER möchte uns heilend begegnen.

Nutzen wir diese Chance und nehmen wir uns auch wirklich Zeit für IHN. Tauchen wir ein in Seine Stille, in Seine unendliche Liebe!
Nehmen wir die Opferliebe Jesu, die im Opfer gegenwärtig ist, wesenhaft in uns auf.
Schenken Sie IHM auch nach der heiligen Messe noch eine Zeit der Danksagung.
Danken Sie IHM für Sein unbegreifliches Geschenk!

Mitwirkung – noch einmal, weil es so wesentlich ist …

Nun möchte ich das Geschehen der so wesentlichen Mitwirkung noch etwas vertiefen: Hier weist Balthasar auf einen sehr wesentlichen Punkt hin: Der Ersthandelnde ist stets Gott! Gott schenkt uns sein Wort und seine Hingabe. Wörtlich schreibt Balthasar: „Gott ist es, der als Erster gestaltet: durch sein Wort, seine Hingabe an uns; und unser tätiges Mitgestalten besteht darin, daß wir durch Gottes Wort und seine Hingabe an uns uns gestalten lassen."[47] Unser Beitrag besteht demnach darin, dass wir an uns gestalten *lassen*! Dieses Geschehen des „An-uns-Gestalten-Lassens" durch Gott beginnt zunächst im Wort Gottes und dann nach den Fürbitten vor allem auch in der Eucharistiefeier. Es ist der Moment, in dem alles bereitet wird. Weil vielfach an dieser Stelle ein Gabenbereitungslied gesungen wird, besteht die Gefahr, dass übersehen wird, dass es jetzt sehr entscheidend ist, sich und sein Leben, aber vor allem alles, was uns schwerfällt, Widerwärtigkeiten und Leiden Gott zu übergeben.

Gott ist es, der als Erster gestaltet

Die Kirchenkonstitution des II. Vatikanische Konzils formuliert es in der Nr. 11 folgendermaßen: „In der Teilnahme am eucharistischen Opfer, der Quelle und dem Höhepunkt des ganzen christlichen Lebens, bringen sie [, die Gläubigen] das göttliche Opferlamm Gott dar und sich selbst mit ihm"[48] – ja richtig: die Gläubigen sollen „das göttliche Opferlamm Gott dar[bringen] und sich selbst mit ihm" (LG 11)!

Ähnlich drückt es die Liturgiekonstitution des II. Vatikanischen Konzils aus: Die Gläubigen „sollen Gott danksagen und die unbefleckte Opfergabe darbringen nicht nur durch die Hände des Priesters, sondern auch gemeinsam

[47] Balthasar, Hans Urs: Eucharistie als Gabe der Liebe. Freiburg/Br. 1986, 9.

[48] Vgl. Pius XII., Enzyklika *Mediator Dei*, 20. Nov. 1947: AAS 39 (1947) bes. s. 552f.

mit ihm und dadurch sich selber darbringen lernen. So sollen sie durch Christus, den Mittler[49], von Tag zu Tag zu immer vollerer Einheit mit Gott und untereinander gelangen, damit schließlich Gott alles in allem sei“ (SC 48).

Schauen wir noch einmal genauer auf diese zentrale Aussage zur Liturgie des II. Vatikanischen Konzils:

- ➔ Die Gläubigen sollen gemeinsam mit dem Priester sich selber darbringen!
- ➔ Die Gläubigen sind eingeladen, bei der Gabenbereitung sich selbst und ihre Opfer, ihre kleinen und größeren Lasten, Gott auf den Altar zu legen.
- ➔ Indem sie sich darbringen, gelangen sie durch Christus, den Mittler, zur immer volleren Einheit mit Gott und untereinander.
- ➔ Die Gläubigen sollen dies tun, um dann schließlich das himmlische Ziel zu erlangen: damit schließlich Gott alles in allem sei!

Joseph Ratzinger hat dies so formuliert: „Die Verwandlung der Gaben, … muss zu einem Umschmelzungsprozess für uns selber werden.“[50]

---

[49] SC 48; Anm.: Vgl. Cyr. Alex.: Commentarius in Ioannis Evangelium, lib. XI., capp. XI-XII: PG 74, 557-564.

[50] JRGS 11, 419.

Liturgische Elemente zur Förderung der tätigen Teilnahme

– „Heiliges Schweigen“ (SC 30)

Was meint die Liturgiekonstitution des II. Vatikanischen Konzils, wenn sie mahnt, dass auch „das heilige Schweigen ... zu seiner Zeit eingehalten werden“ soll (SC 30)? Im Kommentar dazu ist lediglich vermerkt, dass dies einem Wunsch aus der Konzilsaula gemäß hinzugefügt wurde. Doch auch in der aktuellsten liturgischen Handlungsanweisung, der Grundordnung des Römischen Messbuchs, wird vom heiligen Schweigen gesprochen. Sie beschreibt die Zeit „nach der Kommunion“ als die Dauer, „wenn das heilige Schweigen gehalten wird“ (GORM 43). In mehreren eigenen Kapiteln widmet sie sich dann erneut dem Schweigen. So heißt es in Nr. 45: „Auch das heilige Schweigen ist als Teil der Feier zu gegebener Zeit zu halten.[51] Sein Charakter hängt davon ab, an welcher Stelle der Feier es vorkommt. Beim Bußakt und nach einer Gebetseinladung besinnen sich alle für sich; nach einer Lesung aber oder nach der Homilie bedenken sie kurz das Gehörte; nach der Kommunion loben sie Gott und beten zu ihm in ihrem Herzen. Schon vor der Feier selbst ist in der Kirche, in der Sakristei, im Nebenraum und in der näheren Umgebung angemessenerweise Stille zu halten, damit alle sich auf den Vollzug der heiligen Handlung andächtig und in der gehörigen Weise vorbereiten.“ Weiter heißt es in Nr. 56: „Die Liturgie des Wortes

[51] GORM 45, mit Verweis auf SC 30 und „HL. RITENKONGR., Instr. Musicam sacram, 5. März 1967, Nr. 17: AAS 59 (1967) 305.“

ist so zu feiern, dass sie die Betrachtung fördert. Deshalb muss jede Art von Eile, die der Sammlung hinderlich ist, gänzlich vermieden werden. Der Sammlung dienen auch kurze Momente der Stille, die der jeweiligen Versammlung angemessen sind, in denen durch das Gnadenwirken des Heiligen Geistes das Wort Gottes im Herzen aufgenommen und die Antwort darauf durch Gebet vorbereitet werden soll. Solche Momente der Stille können passenderweise etwa vor Beginn der Liturgie des Wortes, nach der ersten und der zweiten Lesung, schließlich auch nach der Homilie gehalten werden." Als weitere Momente nennt die Grundordnung die Vorbereitung auf die Kommunion sowie die Danksagung (43.84.164).

In seinem nachsynodalen Apostolischen Schreiben *Sacramentum Caritatis* nennt Papst Benedikt XVI. für das Schweigen folgender Orte: zunächst zu Beginn der heiligen Messe, um sich auf das bevorstehende große Geschehen hin zu sammeln und vorzubereiten. Als weiteren Ort empfiehlt er, die „kostbare Zeit der Danksagung nach der Kommunion nicht" zu vernachlässigen[52]. Weiter betont er, dass die von ihm so nachdrücklich gewünschte „aktive Teilnahme an der eucharistischen Liturgie … durch Sammlung und Schweigen" gefördert wird (Sacr. Car. 55). Auch in seinem Schreiben zur liturgischen Bildung hat Papst Franziskus die herausragende Bedeutung der Stille hervorgehoben, die an mehreren Stellen ausdrücklich vorgeschrieben sei: „Die gesamte Eucharistiefeier ist in die Stille getaucht, die ihrem

[52] Sacr. Car. 50, Anm.: *Propositio* 34.

Beginn vorausgeht und jeden Moment ihrer rituellen Entfaltung prägt. Sie findet sich im Bußakt, nach der Einladung zum Gebet, im Wortgottesdienst (vor den Lesungen, zwischen den Lesungen und nach der Homilie), im eucharistischen Hochgebet und nach der Kommunion."[53] Erklärend fügt er hinzu: „Die liturgische Stille ist ... das Symbol für die Anwesenheit und das Wirken des Heiligen Geistes, der die gesamte feierliche Handlung belebt, weshalb sie oft den Höhepunkt einer rituellen Handlung darstellt. Gerade weil sie ein Symbol des Geistes ist, hat sie die Kraft, sein vielgestaltiges Wirken auszudrücken. So führt die Stille ... zur Reue und zum Wunsch nach Umkehr; sie weckt das Hören auf das Wort und das Gebet; sie führt zur Anbetung des Leibes und des Blutes Christi; sie zeigt jedem in der Vertrautheit der Gemeinschaft, was der Geist im Leben wirken will, um es dem gebrochenen Brot gleich zu machen. Deshalb sind wir aufgerufen, die symbolische Geste des Schweigens mit äußerster Sorgfalt auszuführen: In ihr gibt uns der Geist Gestalt."[54]

– Ehrfurcht

In jeder heiligen Messe begegnen wir Christus.
ER wird gegenwärtig.
ER ist unter uns durch die versammelte Kirche,
die Glieder SEINES Leibes.

[53] Papst Franziskus: Apostolisches Schreiben *Desiderio desideravi* (Anm. 2), 52, mit Verweis auf „Institutio Generalis Missalis Romani, Nrn. 45; 51; 54-56; 66; 71; 78; 84; 88; 271".

[54] Ebd.

ER spricht zu uns im Wort Gottes.
ER wird leiblich gegenwärtig in SEINEM Leib
und SEINEM Blut, die wir empfangen dürfen.

Im Alten Testament hören wir von der Gottesbegegnung des Mose im brennenden Dornbusch (Ex 3,1-4,17). Mose hört dabei die Aufforderung: „Leg deine Schuhe ab; denn der Ort, wo du stehst, ist heiliger Boden" (Ex 3,5). In ähnlicher Weise dürfen wir in jeder heiligen Messe uns Gott nahen und es bedarf dafür gebührender Ehrfurcht.

Dazu finden sich viele Stellen in der Heiligen Schrift. So hören wir bei der Berufung des Propheten Jesaja von seiner Vision Gottes: „Im Todesjahr des Königs Usija, da sah ich den Herrn auf einem hohen und erhabenen Thron sitzen und die Säume seines Gewandes füllten den Tempel aus. Serafim standen über ihm. Sechs Flügel hatte jeder: Mit zwei Flügeln bedeckte er sein Gesicht, mit zwei bedeckte er seine Füße und mit zwei flog er. Und einer rief dem anderen zu und sagte: Heilig, heilig, heilig ist der HERR der Heerscharen. Erfüllt ist die ganze Erde von seiner Herrlichkeit. Und es erbebten die Türzapfen in den Schwellen vor der Stimme des Rufenden und das Haus füllte sich mit Rauch. Da sagte ich: Weh mir, denn ich bin verloren. Denn ein Mann unreiner Lippen bin ich und mitten in einem Volk unreiner Lippen wohne ich, denn den König, den HERRN der Heerscharen, haben meine Augen gesehen" (Jes 6,1-5). Wir hören hier von himmlischen Wesen, den Serafim, die den Hofstaat Gottes bilden. Sie rufen unentwegt „Heilig, heilig, heilig ist der HERR der Heerscharen." Es ist das HEILIG, das wir auch in jeder heiligen Messe aufgrund von Gottes

Gegenwart ausrufen. Dieser Ruf drückt etwas von der Größe, Macht und Herrlichkeit des absolut Heiligen aus. Keiner von uns wäre würdig, der Heiligkeit Gottes entgegenzutreten. Daher rufen wir zu Beginn der heiligen Messe dreimal im Kyrie die Barmherzigkeit Gottes an.

In seinem in Anschluss an die Bischofssynode zur Eucharistie verfassten apostolischen Schreiben hat Papst Benedikt XVI. die Notwendigkeit der Ehrfurcht in einem eigenen Kapitel betont. Darin mahnt er, dass sich jeder bewusst sein soll, dass er sich „in der Feier vor der unendlichen Majestät Gottes befindet, die auf demütige Weise in den sakramentalen Zeichen zu uns kommt" (Sac. Car. 65).

Dienst am Wort Gottes – Leitfaden für den Lektorendienst

Nun soll der Blick von der eigenen aktiven Teilnahme hin zu einem besonderen, vielfach unterschätzten Teil der heiligen Messe gewandt werden, dem Dienst am Wort Gottes. Auch er ist bedeutsam für eine lebendige Mitfeier! Gerade die Größe und Macht des Wortes Gottes wird leider immer wieder unterschätzt. Umso wichtiger ist es, dies aufzuzeigen.

Einer der besonderen Riten während des II. Vatikanischen Konzils war die Prozession der Konzilsväter in den Petersdom, die in einer feierlichen Inthronisation des Evangeliars auf dem Altar mündete. Das war ein sehr eindrucksvolles

Abb.: Inthronisiertes Evangeliar beim II. Vatikanum

Zeichen! Das kostbare Evangeliar wurde auf einem großen, circa 1 m hohen, goldenen Ständer, der fast die Hälfte des Altares einnahm, inthronisiert. Die kunstvollen Schnitzarbeiten dieses Ständers bzw. Evangeliumthrones zeigten Engel und Serafim und über allem ein thronendes Lamm. Er verdeutlichte sehr eindrucksvoll den Schatz des Evangeliums! Durch diese Inthronisation hatte das Wort Gottes quasi den Vorsitz des Konzils.

Papst Benedikt XVI. hat „dieses spezielle Zeichen“ in Erinnerung an das II. Vatikanische Konzil für die heilige Messe zur Eröffnung des Jahres des Glaubens im Oktober 2012 übernommen[55]. Dies ist aber kein neuer Ritus, sondern ist bereits für das Konzil von Toledo im siebten Jahrhundert dokumentiert[56]. Dieser Ritus veranschaulicht sehr schön, was auch im inneren Geschehen jeder heiligen Messe zu Beginn geschieht. Indem das Evangeliar erhoben wird, wird der inthronisierte erhöhte Christus, der Kyrios, begrüßt und geehrt. Gott selbst steht von nun an in der Mitte des Geschehens. Es ist der Herr, durch den alles geschieht!

Immer wieder im Laufe in der Kirchengeschichte gab es Menschen, die vom Wort Gottes getroffen wurden und dadurch fähig waren, einen ganz großen Schritt zu tun. Der heilige Antonius, der Wüstenvater, wurde von der Bibelstel-

---

55 https://www.vatican.va/content/benedict-xvi/de/homilies/2012/documents/hf_ben-xvi_hom_20121011_anno-fede.html vom 1.6.2021.

56 Kardinal Kurt Koch: Gemeinsam unterwegs. In: OR (D), vom 20.1.21, 11.

le des reichen Jünglings so getroffen, dass er seinen Besitz den Armen gab und in die Wüste ging. Er wurde zum Begründer des ersten Mönchtums.

Ein weiteres Beispiel ist der große Kirchenvater Augustinus. Wie hatte seine Mutter doch für seine Bekehrung gebetet! Der heilige Ambrosius hat sie schließlich zu trösten versucht, indem er ihr sagte, dass ein Kind so vieler Tränen nicht verloren gehen würde! Was hat nach sehr vielen Jahren zur Wende geführt? Natürlich das Gebet der Mutter! Aber rein äußerlich wurde es eingeleitet durch ein Wort Gottes! Er hörte eine Stimme singen: „Nimm und lies", und nahm daher die Heilige Schrift zur Hand, schlug sie auf und las die erste Stelle, auf die seine Augen fielen. Es war dies Röm 13,13f, eine Ermahnung, ehrenhaft zu leben, ohne Maßlosigkeit und Unzucht, eine Zurechtweisung, die ihn tief ins Herz traf. Davon war er so getroffen, dass er Christ wurde. Und nicht nur das! Er wurde zu einem großen Kirchenlehrer, Kirchenvater und Begründer einer Ordenstradition. Bis heute greifen viele Orden auf seine Regel zurück! Getroffen vom Wort Gottes, wurden der heilige Antonius und der heilige Augustinus zu großen Säulen in der katholischen Kirche. Auch die heilige Therese von Lisieux reifte durch das Studium der Heiligen Schrift zu einer großen Kirchenlehrerin heran. Über das so segensreiche Wirken das Wortes Gottes im Leben von Menschen gibt es wirklich viele Beispiele. Sie würden Schrankwände mit Büchern füllen.

Dies führt uns vor Augen, wie lebendig das Wort Gottes ist. Es ist „geistliche Nahrung" und in ihm zeigt sich das

Geheimnis „der Erlösung und des Heils“[57]. „Denn in den Lesungen … spricht Gott zu seinem Volk; er tut das Mysterium der Erlösung und des Heils kund und gewährt geistliche Nahrung; und Christus selbst ist in seinem Wort inmitten der Gläubigen gegenwärtig.“[58] Dies zeigt, wie wichtig es ist, dass das Wort Gottes wirklich gut vorgetragen wird. Es veranschaulicht, dass die Damen und Herren des Lektorendienstes an der segensreichen Wirkung des Wortes Gottes mitwirken dürfen. Sie haben die schöne und so wichtige Aufgabe, mitzuwirken, dass das Wort Gottes in die Herzen der Menschen fallen kann! Durch Ihren so wertvollen Dienst arbeiten Sie an der segensreichen Wirkung des Wortes Gottes mit!

Im Folgenden wird der Einfachheit halber immer von Lektoren gesprochen – auch wenn beide Geschlechter eingeschlossen sind. Ebenso wird weiterhin die direkte Ansprache gewählt.

Was mich bewegte, diese Inhalte für einen Lektorenkurs zusammenzustellen, war die Liebe zum Wort Gottes, die Liebe zur Liturgie und das Erkennen, WIE wichtig und wertvoll das gut vorgetragene Wort Gottes ist. Wie wertvoll ist doch eine sehr eingängig in einer geistlichen Weise vorgetragene Lesung!

---

[57] GORM (Anm. 27), Nr. 55; vgl. SC 7. 33.

[58] Ebd.

Was aber trägt nun ganz konkret dazu bei? Natürlich vor allem das Gebet!

Vor dem Vortrag der Lesungen empfiehlt es sich zunächst, den Herrn darum zu bitten, dass ER die Herzen bereite, damit die Worte in die Herzen fallen können. Bitten Sie den Herrn darum, dass das Vortragen gelingen möge. „Denn Gott ist es, der in euch das Wollen und das Vollbringen bewirkt" (Phil 2,13). Ich bin sicher, der Herr schenkt sehr gerne das gute Gelingen!

Natürlich gehört dazu, gut, klar, laut und deutlich vorzulesen. Wichtig ist es, nicht nur gut zu lesen, sondern auch gut vorzutragen! Dabei sollte sehr deutlich und klar gesprochen werden. Um die Lautstärke und Tonqualität zu optimieren, sollte das Mikrofon in Richtung des Mundes des Vortragenden weisen.

Es geht dabei nicht nur darum, richtig zu lesen, sondern vor allem deutlich, klar und sehr langsam – wirklich sehr langsam! Es darf so langsam sein, dass es einem beim Vortragen selbst zu langsam vorkommt. Die Hörerinnen und Hörer werden es Ihnen danken! Der bisweilen nicht ganz eingängige Text wird umso leichter in die Herzen der Zuhörer fallen!

Dies ist gar nicht so einfach und bedarf der Übung! Lesen Sie daher den Text am besten mehrmals laut! Tragen Sie Ihren Bibelabschnitt – am besten noch in Ihrer Wohnung – vorher laut vor. Manch einer wird meinen, dass dies doch nicht notwendig sei. Probieren Sie es aus und Sie werden den Unterschied erleben! Sie werden überrascht sein, wie viele Stolpersteine es gibt, nicht nur unbekannte Namen oder Orte! Manche Satzkonstruktionen, insbesondere bei den Paulusbriefen, sind wirklich nicht einfach vorzutragen! Wenn diese Stolpersteine aus dem Weg geräumt sind, können Sie beginnen, inhaltlich zu betonen und durch Ihren Vortrag Akzente zu setzen, so dass der Inhalt noch besser in die Herzen fallen kann.

Eine wertvolle Hilfe ist es auch, den Text jemandem im eigenen Umfeld vorzutragen. Sie werden überrascht sein, wie die Wahrnehmung von anderen Menschen ist. Dies ist ebenfalls eine große Hilfe! Man kann aus Rückmeldungen meist viel lernen!

Nun aber ganz konkret zum Dienst in der Eucharistiefeier: Eine sehr wichtige Hilfe für den Lektorendienst – wie für jeden Mitfeiernden – ist es, die Eucharistiefeier immer besser zu verstehen. Sehr treffend schreibt dazu der Pallottiner P. Hans Buob SAC in seinem Büchlein zum Verständnis der Eucharistiefeier: „Es käme geradezu einer Erneuerung der Liturgie gleich, wenn wir das, was wir feiern, wirklich auch mit voller Bewusstheit und Überzeugung feiern würden."[59] Sowohl das Lesen seines Büchleins, des nachsynodalen Apostolischen Schreibens *Sacramentum Caritatis* von Papst Benedikt XVI. [60] als auch des Buches von Pfarrer Ulrich Filler[61] oder anderer Schriften tragen zum besseren Verständnis der heiligen Messe bei. Alle diese Schriften enthalten eine wunderbare Theologie der Eucharistiefeier

---

[59] Buob, Hans: Die Eucharistiefeier (Anm. 13), 21.

[60] Benedikt XVI.: *Sacramentum Caritatis* (Anm. 42).

[61] Filler, Ulrich: Liturgie (Anm. 13)

mit sehr vielen Informationen zu den Vorgaben und den liturgischen Bestimmungen. Ein vertieftes Verstehen fördert die tätige Mitfeier und damit auch einen besseren Vortrag der Lesung. Daher sind die Erläuterungen zur verwandelnden Mitfeier auch diesem Lektorenkurs vorangestellt
Es ist so wichtig, das so großartige Geschehen der Eucharistiefeier immer tiefer zu erfassen!

Äußere Ordnung

Nun möchte ich aber zur äußeren Ordnung des Lektorendienstes übergehen, die ich der Grundordnung des Römischen Messbuchs (GORM) entnehme[62] – auch wenn sie erst mit dem Erscheinen des neuen Messbuchs (3. Auflage) rechtsverbindlich wird. Sie wird die Allgemeine Einführung in das Römische Messbuch (AEM) ablösen, die sich im aktuellen Messbuch auf den ersten Seiten befindet. Darin heißt es, dass die Lesungen vom Ambo oder von einem Lesepult vorgetragen werden sollen. Weiter heißt es dort in Nr. 261: „Nach dem Tagesgebet liest der liturgische Dienst [also Lektorendienst] die erste Lesung und den Psalm und, falls vorgeschrieben, die zweite Lesung sowie den Hallelujavers beziehungsweise den anderen Gesang." Demnach tragen die Lektoren nicht nur die Lesungen und den Psalm vor, sondern auch den „Ruf vor dem Evangelium" wie in

[62] Kongregation für den Gottesdienst und die Sakramentenordnung: Grundordnung des Römischen Messbuchs. (Arbeitshilfen 215). Hg. v. Sekretariat der Deutschen Bischofskonferenz. Bonn ^{3}2007.

der Fastenzeit – z. B. „Lob Dir Christus, König und Erlöser". Hier ist noch anzumerken: Idealerweise werden die Lesungen von zwei unterschiedlichen Lektoren vorgetragen und falls es einen Kantor gibt, werden der Psalm und der Ruf gesungen (siehe Abschnitt Antwortpsalm).

Tagesgebet

Der Einsatz des Lektors beginnt nach dem Tagesgebet, dem Abschluss des Eröffnungsteils. Immer wieder erlebe ich es, dass Lektoren bereits während des Tagesgebetes zum Ambo gehen, damit ja keine stille Zeit entsteht. Das ist falsch!

Der Gang zum Ambo sollte nicht während des Tagesgebetes erfolgen, sondern danach! Zum einen ist das innere Mitbeten des Tagesgebetes so wichtig, dass wirklich nichts es stören sollte, zum anderen sind stille Zeiten während der Liturgie wichtig. In allen lehramtlichen Vorgaben wird die Bedeutung der Stille hervorgehoben, weil sie eine Chance für das Gnadenwirken des Heiligen Geistes ist. So betont die pastorale Einführung in das Messlektionar: „Das Zwiegespräch zwischen Gott und den Menschen unter dem Einfluß des Heiligen Geistes erfordert Augenblicke der Stille. Wenn sie auf die Gemeinde abgestimmt sind, helfen sie ihr, das Wort Gottes innerlich anzunehmen und eine Antwort im Gebet vorzubereiten"[63]. Jede Eile soll vermieden werden. Weiter trägt die Art des Zum-Ambo-Tretens zur Öffnung der Herzen für das Wort Gottes bei.

Daher wiederhole ich noch einmal mit Nachdruck: Das Ta-

[63] Pastorale Einführung ins Messlektionar, abgekürzt PEM (Anm. 95), 28; hierzu vgl. späteres Kapitel dieses Buches ausführlicher.

gesgebet ist so wichtig, dass die Zeit, in der es vorgetragen wird, nicht durch unnötige Bewegung gestört werden darf. Ein Nachvornetreten an den Ambo würde das Gebet und die kurze Gebetszeit danach stören.

Das Tagesgebet ist zwar ein vom Priester gesprochenes Gebet, aber es lädt die Gemeinde ein, zusammen mit Christus den Vater zu bitten. In der Grundordnung des Römischen Messbuchs heißt es dazu: Der Priester lädt „das Volk zum Gebet ein; alle halten zusammen mit dem Priester eine kurze Stille, um sich darauf zu besinnen, dass sie vor dem Angesicht Gottes stehen, und um ihre Bitten im Herzen aussprechen zu können. Dann betet der Priester das Gebet, das ‚Tagesgebet', (‚Collecta') genannt .... Das Volk schließt sich dem Gebet an und macht es durch den Ruf *Amen* zu seinem Gebet".[64] Es ist also ein Sammelgebet, in dem Christus die persönlichen Anliegen der Gläubigen als seine Anliegen vor den Vater bringt.

Nun verstehen Sie sicher, wieso nicht während des Tagesgebetes der Gang zum Ambo angetreten werden sollte. Vielmehr sollte erst nach dem Tagesgebet zum Gang zum Ambo angesetzt werden!

Immer wieder taucht die Frage auf, ob man sich beim Gang zum Ambo (und natürlich auch auf dem Rückweg) zum Altar oder zum Tabernakel hin verneigen oder eine Kniebeuge machen soll (sofern die Richtung unterschied-

[64] GORM 54; die farbliche Hervorhebung wurde kursiv gedruckt.

lich ist). Der Tabernakel als Wohnung des Herrn ist sicher der heiligste Ort, doch ist hier die Hinwendung zum Altar als zentralem Ort des liturgischen Geschehens die richtige Antwort.

Lesung

Nun gehen wir zur Lesung über. Sie ist gemäß der Grundordnung des Römischen Messbuchs in Nr. 34 vom Lektor vorzutragen – also *nicht* vom Priester oder Diakon!

In den Lektionaren findet sich jeweils der Lesung vorangestellt ein zusammenfassender Satz. Er unterscheidet sich von der Anrufung vor dem Evangelium. Dieser zusammenfassende Satz vor der Lesung dient dazu, den Kern der Lesung auf die Schnelle zu erfassen. Dieser zusammenfassende Satz darf aber nicht vorgelesen werden! Erkennbar ist dies daran, dass dieser in einer kleineren Schrift und nicht fett abgedruckt ist. Auch im neuen Lektionar ist dieser in einer deutlich anderen Schrift abgedruckt, um zu zeigen, dass er nicht vorgetragen wird. Leider stelle ich immer wieder fest, dass es dazu keine Klarheit gibt. Daher möchte ich noch einmal wiederholen: Dieser zusammenfassende Satz vor Lesung dient als Information, er ist aber nicht zu lesen!

Der zusammenfassende Satz zu Beginn der Lesung ist NICHT zu lesen!

Somit beginnt der Lektor stets mit der Erklärung, aus welchem Buch der Heiligen Schrift er vorträgt, z.B.: „Lesung aus der Apostelgeschichte". Nach der Lesung wird der Vortrag mit: „Verbum Domini", deutsch: „Wort des lebendigen Gottes" geschlossen – sonst nichts, keine Variation davon wie „Worte Gottes heute an uns" oder Ähnliches! Bitte halten Sie sich an diese Vorgaben! Es gibt zum Abschluss Ihres Vortrages nur den schönen wie treffenden Abschluss: „Wort des lebendigen Gottes." Dieses wesentliche Bekenntnis darf besonders langsam und nachdrücklich gesprochen werden – aber vor allem sollte dabei in die Gemeinde gesehen werden. Dies ist ein entscheidender Moment der Verkündigung! Schauen Sie daher die Gemeinde an und sprechen Sie behutsam und eindringlich: „W o r t d e s l e b e n d i g e n G o t t e s"!

Auch wenn ich Gefahr laufe, einiges zu wiederholen, – doch Wiederholung ist ja die beste Pädagogik – möchte ich noch die wichtigsten Punkte aus der Grundordnung des Römischen Messbuchs anführen. In Nr. 55 heißt es erläuternd: „Den Hauptteil der Liturgie des Wortes bilden die Lesungen aus der Heiligen Schrift mit den Zwischengesängen." Mit Verweis auf die Liturgiekonstitution des II. Vatikanums in der Nr. 33 wird hier betont, dass „in den Lesungen, … Gott zu seinem Volk" spricht; und er „das Mysterium der Erlösung und des Heils kund [tut] … geistliche Nahrung [gewährt]; und Christus selbst … in seinem Wort inmitten der Gläubigen gegenwärtig" ist[65]. Das ist wirklich zentral: Gott spricht in den Lesungen und dem Evangelium zu seinem Volk und ist in diesem gegenwärtig. Durch dieses sein Wort schenkt Gott geistliche Nahrung.

> In den Lesungen spricht Gott zu seinem Volk.

Umso wichtiger ist es natürlich, dass das Wort Gottes

[65] GORM 55 mit Verweis auf SC 7.33.

sehr gut vorgetragen wird, damit Gottes Sprechen zu seinem Volk auch in die Herzen fallen kann!

In der Einführung ins Lektionar heißt es, dass durch das Hören des Wortes Gottes die Kirche aufgebaut wird und wächst[66]. Sie sehen somit, Sie tragen zum Aufbau und zum Wachstum der Kirche bei!

Nun kommt in der Grundordnung mit Nr. 55 ein herausfordernder Punkt: „Dieses göttliche Wort macht sich das Volk im Schweigen und durch Gesänge zu eigen und bezeugt durch das Glaubensbekenntnis seine Treue zu ihm." Nun das ist etwas, das leider wenig umgesetzt wird: das Schweigen. Die Grundordnung des Messbuchs spricht vom Schweigen als Mittel, sich das Wort Gottes zu eigen zu machen. In unserer so hektischen Zeit scheint man die Stille in der heiligen Messe nicht mehr aushalten zu können. Dabei wohnt Gott in der Stille und stille Zeiten sind Chancen für das Gnadenwirken des Heiligen Geistes! Daher wünscht sich die Liturgiekonstitution des II. Vatikanums in Nr. 30 ausdrücklich, dass „das heilige Schweigen … zu seiner Zeit eingehalten" werde. Darauf verweist auch die Kongregation für den Gottesdienst und die Sakramentenordnung in der Grundordnung zum Römischen Messbuch. Sie führen gleich zwei Kapitel zur Stille an (Nr. 45 und 56). Wieso das Schweigen dem Auf-

> „Die Liturgie des Wortes ist so zu feiern, dass sie die Betrachtung fördert. Deshalb muss jede Art von Eile, die der Sammlung hinderlich ist, gänzlich vermieden werden."
> (GORM 56)

[66] Vgl. Pastorale Einführung in das Messlektionar (Anm. 95), 7.

nehmen des Wortes Gottes dient, wird in Nr. 56 erläutert: „Die Liturgie des Wortes ist so zu feiern, dass sie die Betrachtung fördert. Deshalb muss jede Art von Eile, die der Sammlung hinderlich ist, gänzlich vermieden werden. Der Sammlung dienen auch kurze Momente der Stille, …, in denen durch das Gnadenwirken des Heiligen Geistes das Wort Gottes im Herzen aufgenommen und die Antwort darauf durch Gebet vorbereitet werden soll." Demnach betont die Grundordnung, wie wertvoll Momente der Stille in der Liturgie sind, weil sie „durch das Gnadenwirken des Heiligen Geistes" helfen, dass das „Wort Gottes im Herzen aufgenommen" wird (GORM 56). Weiter betont sie: „Solche Momente der Stille können passenderweise etwa vor Beginn der Liturgie des Wortes, nach der ersten und der zweiten Lesung, schließlich auch nach der Homilie [also der Predigt] gehalten werden."[67]

In den folgenden Abschnitten geht die Grundordnung konkret auf die biblischen Lesungen ein. So heißt es dazu: „In den Lesungen werden den Gläubigen der Tisch des Wortes Gottes bereitet und die Schatzkammern der Bibel aufgetan[68]. Es ist daher angemessen, dass die Leseordnung eingehalten wird, durch welche die Einheit der beiden Testamente und der Heilsgeschichte herausgestellt wird. Auch ist es nicht erlaubt, die Lesungen und den Antwortpsalm, die Gottes Wort enthalten, gegen andere, nichtbiblische

[67] GORM, 56 mit Verweis auf: „MISSALE ROMANUM, Ordo lectioǝ num Missae, Editio typica altera, Art. 28".

[68] Vgl. SC 51.

Texte auszutauschen."[69] Hier wird demnach unterstrichen, wie wichtig es ist, BEIDE Lesungen am Sonntag vorzutragen. Eine Lesung aus dem Alten wie dem Neuen Testament wird gewünscht, um die Einheit der Schrift und der Heilsgeschichte hervorzuheben. Auch sollen die Lesungen und der Psalm NICHT ausgetauscht werden!

In der folgenden Nummer wird dann festgelegt, dass die „Lesungen immer vom Ambo aus vorgetragen" werden (GORM 58).

Schließlich wird betont, dass „die Aufgabe, die Lesungen vorzutragen, ... keine Sache des Vorstehers [also des Priesters], sondern eines eigenen Dienstes" ist; es ist die Sache des Lektorendienstes (GORM 59)! Lediglich wenn „ein geeigneter Lektor fehlt, hat der zelebrierende Priester auch die übrigen Lesungen vorzutragen". Dieser Vorrang findet sich in analoger Weise auch beim Vortrag des Evangeliums, wo stets ein Diakon den Vorrang hat – sofern dieser anwesend ist.

Zum Abschluss des Vortrages der Lesung soll der Lektor die Akklamation, d. h. den Zuruf „Wort des lebendigen Gottes" sprechen oder singen. Hierauf „antwortet das versammelte Volk und erweist so dem gläubig und dankbar aufgenommenen Wort Gottes die Ehre" (GORM 59).

---

[69] GORM, 57 mit Verweis auf: „JOHANNES PAUL II., Apostolisches Schreiben *Vicesimus quintus annus*, 4. Dezember 1988, Nr. 13: AAS 81 (1989) 910".

Antwortpsalm

Auf die erste Lesung folgt der Antwortpsalm; dazu heißt es in der Grundordnung unter Nr. 61, dass dieser „ein wesentlicher Bestandteil der Liturgie des Wortes ist und große liturgische und pastorale Bedeutung hat, weil er die Betrachtung des Wortes Gottes fördert". In ihm soll das Gehörte der Lesung nachklingen und meditierend vertieft werden. Aus diesem Grund soll er inhaltlich der Lesung entsprechen und daher aus dem Lektionar genommen werden, weil darin die Auswahl der Psalmen auf die Lesungen abgestimmt wurde[70]. Wie kaum ein Lied ist der Antwortpsalm inhaltlich auf die Lesungen abgestimmt.

Bei den Psalmen handelt sich um einen Gesang mit einem Kehrvers. Daher verlangt der Antwortpsalm danach, gesungen zu werden. Dies betont ebenfalls die Grundordnung: Ein gesungener Vortrag des Psalms ist vorzuziehen – „wenigstens was die Antwort des Volkes betrifft" (GORM 61). Auch in der ‚Pastorale Einführung in das Messlektionar'[71] vermerkt: „Der Antwortpsalm soll in der Regel gesungen werden" (PEM 20). Für den empfohlenen gesungenen Vortrag gibt es in vielen Gemeinden den Dienst des Psalmisten, Psalmsängers oder Kantors. Dabei handelt es sich ebenfalls um einen sehr wertvollen Dienst am Wort Gottes. Daher sollte dessen Mitwirkung gepflegt und gefördert werden.

---

[70] Vgl. Allgemeine Einführung in das Römische Messbuch (AEM) 36. In: Sekretariat der Deutschen Bischofskonferenz (Hg.): Die Messfeier – Dokumentensammlung. (Arbeitshilfen Nr. 77). Bonn [12]2015 (eine empfehlenswerte Sammlung von Texten für die Praxis).

[71] Abgekürzt PEM, vgl. späteres Kapitel dieser Schrift.

Damit ein von der Gemeinde gesungener Kehrvers leichter möglich ist, kann auf die im Gotteslob angegebenen Kehrverse zurückgegriffen werden. Selbst wenn ein gesungener Kehrvers nicht möglich ist, ist ein Lesen des Psalms stets gegenüber dem Singen eines Liedes vorzuziehen! Demnach sehen die Empfehlungen der Grundordnung des Römischen Messbuchs in der Tat keinen Ersatz des Psalms durch ein Lied vor – auch wenn dies vielfach geschieht!

Für den Kehrvers heißt es weiter: „Dafür gibt es zwei Möglichkeiten: mit oder ohne Kehrvers. Bei der Form mit Kehrvers trägt der Psalmist (Kantor) die Verse des Psalms vor und die ganze Gemeinde antwortet mit dem Kehrvers. Diese Form ist nach Möglichkeit vorzuziehen. Bei der Form ohne Kehrvers wird der Psalm gesungen, ohne daß die Gemeinde dazwischen mit dem Kehrvers antwortet, und zwar entweder nur vom Psalmisten (Kantor), dem die Gemeinde zuhört, oder aber von allen gemeinsam. Das Singen des Psalms oder auch nur des Kehrverses trägt viel dazu bei, den geistlichen Sinn des Psalms zu erfassen und zu meditieren“ (PEM 20f).

Fürbitten / das Allgemeine Gebet

Meist gehört zum Lektorendienst auch das Vortragen des Gebetes der Gläubigen, im Fachterminus „Allgemeines Gebet“, landläufig Fürbitten genannt. Zur Erläuterung sagt die Grundordnung in Nr. 55, dass das Volk Gottes, nachdem es durch „das Wort Gottes genährt“ wurde, „im Allgemeinen Gebet – in den Anliegen der ganzen Kirche und für das Heil der ganzen Welt fürbittend" eintritt. Die Fürbitten werden liturgisch „Allgemeines Gebet" genannt, denn sie sollen die Anliegen und das Heil der ganzen Kirche umfassen.

Deren Schwerpunkte werden in Nr. 70 dann wie folgt genannt:

„a) für die Anliegen der Kirche,
b) für die Regierenden und für das Heil der ganzen Welt,
c) für die von jedweder Schwierigkeit Bedrückten,
d) für die örtliche Gemeinschaft.
Bei besonderen Feiern wie bei der Firmung, der Trauung" oder „dem Begräbnis kann die Reihe der Anliegen jedoch stärker" an „den besonderen Anlass" angepasst werden.

Fürbitten:
a) für die Anliegen der Kirche
b) für die Regierenden und für das Heil der ganzen Welt
c) für die Notleidenden
d) für die örtliche Gemeinschaft

Sehr schön wird in Nr. 69 der Grundordnung erklärt, dass in den Fürbitten das Volk auf „das gläubig aufgenommene Wort Gottes" antwortet und „Gott Bitten für das Heil aller" vorträgt. Dabei üben die Gläubigen ihr durch die Taufe empfangenes priesterliches Amt aus.

Beim Vortragen der Fürbitten ist es wichtig, nach jeder Bitte eine kurze Stille vor dem Ruf zu halten.

Die Fürbitten wurden erst nach dem Konzil wieder eingeführt, damit – so die Liturgiekonstitution in Nr. 53 – „unter Teilnahme des Volkes Fürbitten gehalten werden für die heilige Kirche, für die Regierenden, für jene, die von mancherlei Not bedrückt sind, und für alle Menschen und das Heil der ganzen Welt (vgl. 1 Tim 2,1-2)".

Zur äußeren Ordnung vermerkt die Grundordnung des

Römischen Messbuchs in Nr. 71, dass es die „Sache des zelebrierenden Priesters [ist], dieses Gebet vom Sitz aus zu leiten. Mit einer kurzen Aufforderung lädt er die Gläubigen zum Gebet ein und er spricht das abschließende Gebet. Die vorgetragenen Anliegen sind schlicht, mit kluger Freiheit sowie in wenigen Worten abzufassen und haben das Gebet der ganzen Gemeinschaft auszudrücken. Sie werden vom Ambo oder einem anderen geeigneten Ort aus … vorgetragen" – „und zwar von einem Diakon, einem Kantor, einem Lektor oder einem gläubigen Laien". Es ist demnach offengehalten, von wo aus und wer diese spricht. Eine schöne Form ist es, diese mit einem kabellosen Mikrofon von der Kirchenbank aus vorzutragen. Dies unterstreicht nicht nur sehr schön, dass es sich um das Allgemeine Gebet des Gottesvolkes handelt, sondern wirkt auch der Gefahr entgegen, dass der Lektor bereits während des Credos zum Ambo läuft und damit der wesentliche Akt des Bekenntnisses des Glaubens gestört wird.

Weiter heißt es in der Grundordnung: „Das Volk, das dabei steht, drückt seine Bitte entweder durch eine gemeinsame Anrufung aus, die den einzelnen Anliegen folgt, oder indem es schweigend betet" (71). Hier wird in der Tat vermerkt, dass das Volk während der Fürbitten steht. Es tut dies deswegen, weil es beim Herrn für diese Anliegen eintritt. In der deutschen Sprache wird dies mit dem Ausdruck des Eintretens bei Gott sehr gut veranschaulicht.

Lektionar

Nun aber zu dem wichtigen Buch für den Lektorendienst, dem Lektionar! Es unterscheidet sich vom Evangeliar, indem es alle Lesungen beinhaltet – während das Evangeliar allein die Evangelien enthält.

In der frühen Kirche wurde zunächst bei den liturgischen Feiern direkt aus der Heiligen Schrift vorgelesen. Ab dem 5. Jahrhundert kam es dann zu einer ersten Sammlung von Ausschnitten entsprechend dem Ablauf des Kirchenjahres. Auf diese Weise ist es zur Zusammenstellung von entsprechenden Abschnitten aus der Heiligen Schrift, dem Lektionar, gekommen. Die Bezeichnung leitet sich vom lateinischen Wort lectio („Lesung") ab.

> Das Lektionar enthält: Lesungen aus dem AT und NT, den Antwortpsalm und das Evangelium

Der Inhalt eines Lektionars besteht aus den alt- und neutestamentlichen Lesungen, dem Antwortpsalm und dem Evangelium. Lektionare folgen einer bestimmten Leseordnung und beinhalten eine Auswahl von Bibelabschnitten. Im Anschluss an das Zweite Vatikanische Konzil wurde eine grundlegend erneuerte Leseordnung entwickelt, um eine größere Breite an Abschnitten aus der Heiligen Schrift als bis dahin üblich, zu erhalten. Daraus haben sich drei unterschiedliche Lesejahre A, B, C für Sonn- und Festtage entwickelt. Für die Wochentage gibt es einen zweijährigen Lesezyklus. Lediglich die Lesungen an den Wochentagen der geprägten Zeiten (Advent, Weihnachtszeit, Fasten- und Osterzeit) und zu den Heiligenfesten bleiben stets gleich. Das neue Lesejahr der katholischen Kirche beginnt jeweils am ersten Adventssonntag und endet mit dem Christkönigssonntag.

Mit dem Ersten Adventssonntag 2018 wurde der erste Teilband eines neuen Lektionars mit den Texten aus der revidierten Einheitsübersetzung der Bibel (2016) für alle Gottesdienste der Sonn- und Festtage eingeführt. Das bisher gültige Lektionar wurde damit nach 36 Jahren Gebrauch abgelöst. Die Teilbände für alle Lesejahre liegen vor, alle übrigen Teilbände für die Wochentage, die Heiligenfeste, die liturgischen Feiern zu besonderen Anlässen und die Votivmessen werden schrittweise eingeführt.

Leseordnung

Auf die Leseordnung möchte ich nicht zu umfassend eingehen, denn diese ist festgelegt. Sie finden diese im liturgischen Kalender der Diözese, dem Direktorium, das in jeder Sakristei liegt. Die Leseordnung sollte eingehalten werden. Umfassende Erläuterungen dazu bietet die „Pastorale Einführung in das Messlektionar" (PEM) von 1981[72].

Hier nur einige Kernpunkte zur Leseordnung: Das II. Vatikanische Konzil wollte den Gläubigen den „Tisch des Gotteswortes reicher" bereiten, damit ihnen „die Schatzkammer der Bibel weiter aufgetan" werde, „so daß innerhalb einer bestimmten Anzahl von Jahren die wichtigsten Teile der Heiligen Schrift" vorgetragen werden (SC 51). Daher wurde die Auswahl der biblischen Texte mit dem II. Vatikanum erweitert.

[72] Vgl. späteres Kapitel dieser Schrift.

In der sonntäglichen Eucharistiefeier sind zwei Lesungen vor dem Evangelium vorgesehen. Die erste Lesung stammt aus dem Alten Testament. Nur in der Osterzeit wird aus der Apostelgeschichte (bzw. in der zweiten Lesung aus der Offenbarung des Johannes) gelesen. Dies geschieht von Ostern bis Pfingsten, weil in der Apostelgeschichte das Wirken des Heiligen Geistes in der frühen Kirche aufgezeigt wird. Es soll dies das Volk Gottes auf Pfingsten und den Empfang des Heiligen Geistes vorbereiten. Die zweite Lesung stammt aus einem neutestamentlichen Brief.

An den Wochentagen gibt es – sofern nicht ein Hochfest gefeiert wird – nur eine Lesung. Wird ein liturgisches Fest gefeiert, müssen die vorgesehenen Texte zu diesem Festgeschehen genommen werden.

Lesejahr A: Mt
Lesejahr B: Mk
Lesejahr C: LK

Die Leseordnung an den Sonntagen folgt einem Dreijahresrhythmus (A-B-C). Im Lesejahr A wird schwerpunktmäßig aus dem Matthäusevangelium gelesen, im Lesejahr B aus dem Markusevangelium und im Lesejahr C aus dem Lukasevangelium. Teile des Johannesevangeliums sind auf alle Lesejahre verteilt, vor allem aber in der Zeit vor und nach Ostern zu finden. Das Lesejahr beginnt mit dem Kirchenjahr am 1. Advent.

Die erste Lesung wurde in Entsprechung zum Evangelium ausgewählt, die zweite Lesung ist unabhängig vom Evangelium in einer fortlaufenden Folge, der sogenannten ausgewählten Bahnlesung, d. h. es wird ein Buch der Heiligen Schrift fortlaufend, aber mit Auslassungen, ausgewählt. Dies gilt aber nicht für die alttestamentlichen Lesungen, denn diese sind auf das Evangelium abgestimmt (auch wenn diese Zuordnung nicht immer überzeugt), um die Einheit der Testamente herauszustellen. Oft stehen diese im Verhältnis von Verheißung und Erfüllung. Diese Verbindung haben bereits die Kirchenväter hervorgehoben: So formulierte der Kirchenlehrer Augustinus: „... im Alten [ist] das Neue verborgen und im Neuen das Alte enthüllt“[73]. Und Gregor der Große schrieb: „Was das Alte Testament verheißen hat, offenbart das Neue, und was jenes dunkel ankündigt, spricht dieses deutlich aus. Das Alte Testament ist daher die Prophezeiung des Neuen Testaments, und das Neue Testament ist die Auslegung des Alten Testamentes.“[74]

Für die Werktage gibt es für die erste Lesung zwei Lesejahre: I - ungerade Jahre; II - gerade Jahre. Sie folgen ebenfalls einer Bahnlesung. Aber das Evangelium wiederholt sich jedes Jahr: In der Jahreswoche 1-9 wird aus Markus, in den Wochen 10-21 aus Matthäus und in den Wochen 22-34 aus Lukas gelesen. Für die geprägten Zeiten wurde die Auswahl auf ihren Charakter hin abgestimmt (z. B. Fastenzeit als Vorbereitung auf Ostern).

Werktage:
I - ungerade Jahre
II - gerade Jahre

[73] Aug., quaest. in hept. 2,73 (CCL 33, 106).

[74] Greg. M., in Ezech. 1,6,15 (CCL 142, 76).

… und noch Wesentliches zum Dienst des Lektors

Nun muss noch ein wesentlicher, aber etwas heikler Punkt angesprochen werden: Der Lektorendienst soll keine Ehrung oder Herausstellung sein, sondern wirklich aufgrund persönlicher Eignung ausgeübt werden. Immer wieder muss man leider erleben, dass andere Gesichtspunkte bedeutsamer erscheinen. Dafür ist aber dieser Dienst zu wichtig! Er ist keine Nebensache. Dafür ist das Wort Gottes zu wichtig! Gemäß dem liturgischen Grundprinzip des II. Vatikanums soll auch keine Ämterhäufung erfolgen. Jeder soll „nur das und all das tun, was ihm aus der Natur der Sache und gemäß den liturgischen Regeln zukommt“ (SC 28).

> Der Lektorendienst ist keine Herausstellung oder Ehrung einer Person, sondern ein DIENST am Wort Gottes und damit ein Dienst am Volk Gottes. Er ist keine Nebensache, sondern ein wirklich wesentlicher Dienst.

Auf einen weiteren wichtigen Aspekt verweist der Liturgieprofessor Marco Benini, indem er fordert, dass die Lektoren zugleich Zeugen für das sein sollen, was sie vortragen. „Es geht nicht in erster Linie um Information, sondern um Verkündigung, die authentisch und glaubwürdig sein muss. Die Gläubigen merken, ob jemand auch persönlich hinter dem Gelesenen steht. Daher ist das Vorlesen im Gottesdienst zugleich ein Ansporn, sich mit dem Wort Gottes zu beschäftigen und immer mehr Glaubenszeuge dafür zu werden.“[75]

---

[75] Benini, Marco: Sprachrohr und Zeuge. Der Lektorendienst – liturgietheologische Grundlegung und pastorale Praxis. In: Gottesdienst 53 (2019) 109-111.114, 110.

Das Wort Gottes in seiner großen Bedeutung

Der Lektorendienst ist in erster Linie ein Dienst am Wort Gottes.

Damit Sie die Größe dieses wunderbaren Dienstes besser erfassen, möchte ich nun auf die große Bedeutung des Wortes Gottes näher eingehen. Bereits zuvor habe ich schon herausgearbeitet, wie das Wort Gottes im Leben von einigen Heiligen wirkte. Dass das Wort Gottes in die Herzen der Gläubigen fallen kann, dazu tragen die Lektoren durch ihren so wertvollen Dienst bei! Ist das nicht ein großartiger Dienst: mitzuwirken an der segensreichen Wirkung des Wortes Gottes?

So möchte ich nun die segensreiche Wirkung des Wortes Gottes weiter vertiefen.

Das Wort Gottes formt die Gläubigen

Eine der wesentlichen Änderungen durch das II. Vatikanische Konzil war die Betonung der Notwendigkeit der actuosa participatio, der aktiven Teilnahme der Gläubigen an der heiligen Messe. So wird in Nr. 48 der Liturgiekonstitution des II. Vatikanums dazu aufgerufen, „‚die heilige Handlung bewusst, fromm und tätig' mitzufeiern" (SC 48) mit einem „tieferen Bewusstsein" für das Geheimnis „und seiner Beziehung zum täglichen Leben" (Sacr. Car. 52). Dort heißt es weiter, dass die Gläubigen sich „durch das Wort Gottes formen lassen" sollen (SC 48 / Sacr. Car. 52). Somit steht die aktive Teilnahme in reger Verbindung zum Wort Gottes. Indem die Gläubigen innerlich rege die heilige Messe mitfeiern, sich mit Herz und Seele emportragen lassen, das Wort Gottes offen aufnehmen und sich von ihm berühren lassen, feiern sie tätig mit.

Dafür ist es eine Hilfe, die Lesungen als ein Wort von Gott heute, hier und jetzt für mein konkretes Leben aufzufassen. Aber vor allem ist es wesentlich, dass das Wort Gottes gut und verständlich vorgetragen wird.

Nicht nur für den Lektorendienst ist es daher stets hilfreich, die Lesungen bereits vorab im Schott oder anderen liturgischen Hilfen wie dem *Magnifikat* oder *Te Deum* oder im Internet auf der Homepage der Erzabtei Beuron durchzulesen und zu betrachten. Dabei darf ich mich fragen: Was will mir Gott heute ganz konkret für mein Leben mitgeben? Das Wort Gottes dient einerseits der Stärkung des eigenen Glaubens (vgl. Röm 10,17 / Sacr. Car. 44), andererseits bereitet es die Aufnahme des Leibes Christi vor und führt zum Empfang hin!

> Das Wort Gottes dient der Stärkung des eigenen Glaubens und ist Vorbereitung auf den Empfang des Leibes Christi.

Jesus sagt selbst in Joh 6,63: „Der Geist ist es, der lebendig macht; das Fleisch nützt nichts. Die Worte, die ich zu euch gesprochen habe, sind Geist und sind Leben.“ – So können wir auch mit anderen Worten sagen: Das Wort Gottes macht lebendig, die Heilige Schrift ist inspiriert, und was in ihr geschrieben ist, gilt „als vom Heiligen Geist ausgesagt“ (KKK 107). Daher muss sie mit „demselben Geist“ gelesen und gehört werden, „in dem sie geschrieben wurde“ (KKK 111; DV

> „Die Worte, die ich zu euch gesprochen habe, sind Geist und sind Leben.“ (Joh 6,63)

12). In ihr „spricht Gott zum Menschen nach Menschenweise" (KKK 109). In den Heiligen Schriften spricht Gott selbst zu seinem Volk und ist Christus in seinem Wort gegenwärtig (GORM 29). Wie der Apostel Paulus betont, ist der Logos – wie es im griechischen Original heißt – das Wort, kein Menschenwort, sondern von Gott und daher wirksam: „Darum danken wir Gott unablässig dafür, dass ihr das Wort Gottes, das ihr durch unsere Verkündigung empfangen habt, nicht als Menschenwort, sondern – was es in Wahrheit ist – als Gottes Wort angenommen habt; und jetzt ist es in euch, den Glaubenden, wirksam" (1 Thess 2,13).

„Darum danken wir Gott unablässig dafür, dass ihr das Wort Gottes, ... nicht als Menschenwort, sondern – was es in Wahrheit ist – als Gottes Wort angenommen habt; und jetzt ist es in euch, den Glaubenden, wirksam" (1 Thess 2, 13).

Papst Benedikt XVI. erläutert dies in seinem nachsynodalen Schreiben *Sacramentum Caritatis* genauer: Das Wort Gottes ist „das fleischgewordene Wort (vgl. *Joh* 1,14); es besitzt einen inneren Bezug zur Person Christi und zur sakramentalen Weise seines Gegenwärtigbleibens. Christus spricht nicht in der Vergangenheit, sondern in unserer Gegenwart" (45). Im Wort Gottes will Christus zu uns sprechen; dieses Mitteilen ist stets aktuell, es wird jeweils für unser Hier und Heute zu uns gesprochen. Das bekannte Wort des heiligen Hieronymus zitierend, ruft der Papst in Erinnerung: Die Schrift nicht zu kennen, heißt Christus NICHT zu kennen[76].

[76] Vgl. Sacr. Car, 45 mit Verweis auf: „Hieronymus, *Comm. in Is., Prol.*: *PL* 24, 17; vgl. Zweites Vatikanisches Konzil, Dogm. Konst. über die göttliche Offenbarung *Dei Verbum*, 25".

Heilige Schrift als Liebesbrief Gottes und weitere Deutungen

Vielleicht hat Papst Franziskus in seiner ihm eigenen Art dies noch griffiger auf den Punkt gebracht. Er hat die Heilige Schrift als „Liebesbrief" Gottes an uns bezeichnet[77]. Ist das nicht eine schöne und treffende Beschreibung? Das Wort Gottes spricht von der Liebe Gottes zu den Menschen! Demnach ist das Wort Gottes in der Tat ein Liebesbrief Gottes an uns, an jeden einzelnen Menschen hier und heute!

Schauen wir nun aber in die Heilige Schrift, in diesen Liebesbrief Gottes. Sie ist gemäß der Lehre des II. Vatikanischen Konzils inspiriertes Wort Gottes (DV 11). Die Heilige Schrift ist unter „Einwirkung des Heiligen Geistes geschrieben (vgl. *Joh* 20,31; 2 *Tim* 3,16; 2 *Petr* 1,19-21; 3,15-16)" – so die Offenbarungskonstitution des II. Vatikanischen Konzils, *Dei Verbum* 11. Der Katechismus beschreibt das Miteinander mit dem inspirierten Verfasser wie folgt: „Gott ist der Urheber [Autor] der Heiligen Schrift. ‚Das von Gott Geoffenbarte, das in der Heiligen Schrift schriftlich enthalten ist und vorliegt, ist unter dem Anhauch des Heiligen Geistes aufgezeichnet worden' (DV 11)" (KKK 105). *Gott hat die menschlichen Verfasser [Autoren] der Heiligen Schrift inspiriert.* ‚Zur Abfassung der Heiligen Bücher aber hat Gott Menschen erwählt, die ihm durch den Gebrauch ihrer eigenen Fähigkeiten und Kräfte dazu dienen sollten, all das und nur das, was er – in ihnen und durch sie wirksam – selbst wollte, als wahre Verfasser [Autoren] schrift-

[77] OR (D), 3 vom 29.01.2021.

lich zu überliefern‘ (DV 11)“ (KKK 106). Daher spricht in der Heiligen Schrift „Gott zum Menschen nach Menschenweise“ (KKK 109).

Was aber sagt das Wort Gottes über sich selber? Es ist Licht. In Ps 119,105 lesen wir: „Dein Wort ist meinem Fuß eine Leuchte, ein Licht für meine Pfade“ (Ps 119,105). Das Wort Gottes schenkt uns Licht und weist uns den Weg. Durch das Wort Gottes lernen wir Gott besser kennen.

Wirkung des Wortes Gottes

Das Wort Gottes ist uns eine Nahrung, wie wir in Dtn 8,3 hören. Dort heißt es, dass der „Mensch nicht nur von Brot lebt, sondern, dass der Mensch von allem lebt, was der Mund des HERRN spricht“. Jesus greift dieses Wort auf und schleudert es dem Widersacher in der Wüste in Mt 4,4 entgegen. Das Wort Gottes ist demnach eine gute Waffe im geistigen Kampf! Es hat Macht, es hat Vollmacht, denn es kommt von Gott, wie wir in Joh 20,31 lesen. „Es ist eine Kraft Gottes zur Rettung für jeden, der glaubt“ (Röm 1,16). Von dieser kraftvollen Wirkung des Wortes hören wir immer wieder. So steht in Jer 23,19: „Ist nicht mein Wort so: wie Feuer – Spruch des HERRN – und wie ein Hammer, der Felsen zerschmettert?“ Oder wir finden in Hebr 4,12: „Denn lebendig ist das Wort Gottes, wirksam und schärfer als jedes zweischneidige Schwert; es dringt durch bis zur Scheidung von Seele und Geist, von Gelenken und Mark; es richtet über die Regungen und Gedanken des Herzens.“ Daher kann ich Ihnen das Wort Gottes auch als wertvolle Hilfe im geistigen Kampf empfehlen. Genau das haben die Wüstenmütter und Wüstenväter bereits gemacht. Sie haben das Wort Gottes eingesetzt, wenn sie in der Wüste von einer Versuchung bedrängt wurden. Sie haben das Wort Gottes immer und immer wieder wiederholt. Von dieser „Macht, Festungen zu schleifen [und]; mit ihnen … alle hohen Gedankengebäude nieder“ zu reißen, „die sich gegen die Erkenntnis Gottes auftürmen“, hören wir in auch in 2 Kor 10,4.

In Eph 6,17 lesen wir vom Wort Gottes als Schwert des Geistes. Dort finden wir die fast kriegerisch anmutende Aufforderung: „… nehmt den Helm des Heils und das Schwert des Geistes, das ist das Wort Gottes!“ Dies darf wohl nicht falsch verstanden werden. Doch haben wir nicht auch bisweilen geistige Kämpfe? Genau dafür setzten bereits die Wüstenväter das Wort Gottes ein, um gegen böse Gedanken oder Versuchungen anzugehen. Sie schleuderten den Anfechtungen ein Wort Gottes entgegen. Das Wort Gottes ist demnach eine Hilfe bei Versuchungen und Anfechtungen! Das Wort Gottes hat eine Wirkung. Davon spricht auch Jes 55,10f sehr eindrücklich:

> „Denn wie der Regen und der Schnee vom Himmel fällt
> und nicht dorthin zurückkehrt,
> ohne die Erde zu tränken und sie zum Keimen und Sprossen zu bringen,
> …, so ist es auch mit dem Wort,
> das meinen Mund verlässt:
> Es kehrt nicht leer zu mir zurück,
> ohne zu bewirken, was ich will,
> und das zu erreichen, wozu ich es ausgesandt habe.“

Mit welchem Nachdruck wird hier doch von der Wirkung des Wortes Gottes gesprochen! Schauen wir einmal in die Natur, wie kraftvoll dort ein Samen wächst. Haben Sie schon einmal gesehen, wie kraftvoll ein Spross eine Walnuss aufbricht? Oder staunen Sie einmal, wie ein Same wächst und gedeiht! Doch was ist das gegen die lebendige Kraft von Gottes Wort! Was für eine Vollmacht steckt doch darin (vgl. Lk 4,16-22)!

Aber das Wort Gottes kann nur wirken, wenn es auch verständlich und gut vorgetragen wird! Ja, umso wichtiger ist es, dass es die Herzen auch erreicht. Nehmen Sie sich dies als Ermutigung! Sie tragen dazu bei, dass das Wort Gottes in die Herzen gelangen und dort wirken kann!

Wie viele haben doch durch das Wort Gottes einen Anstoß erhalten! Wie bereits erwähnt, hat der heilige Augustinus durch das vom Gebet geleitete Wort Gottes aus seinen Irrlehren herausgefunden. Er, dieser blitzgescheite junge Mann, war in Irrlehren gefangen und erhielt durch die Gnade seiner betenden Mutter den Anstoß, die Heilige Schrift aufzuschlagen. Durch dieses Wort Gottes getroffen, kehrte er um! Dies zeigt zugleich die wesentlichste Wirkung des Wortes Gottes: Es führt zum Glauben.

Um die Großartigkeit des Wortes Gottes zu veranschaulichen, finden sich in der Heiligen Schrift wirklich sehr viele Vergleiche und Umschreibungen – ich meine, es ist für jeden etwas dabei!

Das Wort Gottes hat zudem eine heilende, reinigende Wirkung. Daher ist es überaus wertvoll für das geistliche Leben und erst recht für einen Lektor, immer wieder in der Heiligen Schrift zu lesen und sich von ihr stärken zu lassen – gerade in schwierigen Zeiten! Zugleich dient dies dazu, immer mehr mit dem Wort Gottes vertraut zu werden. Dabei dürfen wir uns für Gottes Wort öffnen und uns vom ihm prägen lassen! Jesus selbst spricht immer wieder davon, dass das Wort Gottes Kraft und Leben ist. Wie oft versuchen wir doch, allein aus uns selbst etwas in Angriff zu nehmen. Rufen wir uns daher immer wieder neu in Erinnerung: Gottes Worte „sind Geist und sind Leben" (Joh 6,63). Es war ein Wort Gottes, das den heiligen Antonius und den heiligen Augustinus bewegte, ihr Leben zu ändern. Bis heute will Gott durch sein Wort unsere Herzen bewegen. Doch muss das Wort Gottes auch so vorgetragen werden, dass es in die Herzen fallen kann.

Auch in unserem Umfeld dürfen wir darauf vertrauen,

dass es Frucht bringen wird, wenn wir jemandem ein Wort Gottes zum Trost oder zur Ermutigung sagen. Weiter können wir mit der Heiligen Schrift beten, indem wir Bibelstellen immer wieder wiederholen und unserer Sehnsucht nach Gott damit Ausdruck geben. So beispielsweise mit Ps 130,5: „Ich hoffe auf den HERRN, es hofft meine Seele, ich warte auf sein Wort." Oder mit Lk 5,5: „Simon antwortete ihm: Meister, wir haben die ganze Nacht gearbeitet und nichts gefangen. Doch auf dein Wort hin werde ich die Netze auswerfen."

Das Wort Gottes als Hilfe, Gott besser kennenzulernen

Die Heilige Schrift ist inspiriertes Wort Gottes. Davon sprechen die lehramtlichen Dokumente immer wieder[78]. Vielleicht etwas eingängiger umreißt dies das im Anschluss an die Bischofsynode zum Wort Gottes von Papst Benedikt XVI. verfasste Schreiben: „Das Wort Gottes kommt also durch das Wirken des Heiligen Geistes in menschlichen Worten zum Ausdruck."[79] Die dogmatische Konstitution des II. Vatikanischen Konzils über die göttliche Offenbarung, *Dei Verbum*, fasst dies treffend zusammen: „Die Heiligen Schriften enthalten das Wort Gottes und, weil inspiriert, sind sie wahrhaft Wort Gottes: Deshalb sei das Studium des heiligen Buches gleichsam die Seele der heiligen Theologie."[80] Ein solches

[78] Vgl. Offenbarungskonstitution *Dei Verbum*, 7.8.11.16.24; Benedikt XVI.: Nachsynodales Apostolisches Schreiben *Verbum Domini*. (VdAS Nr. 187). Bonn 2010.

[79] Benedikt XVI.: *Verbum Domini* (Anm. 78), 15.

[80] DV 24 mit Verweis auf: „Vgl. Leo XIII., Enz. Providentissimus Deus: Ench. Bibl. 114; Benedikt. XV., Enz. Spiritus Paraclitus: Ench. Bibl. 483".

vertieftes „Vertrautwerden“ mit der ganzen Heiligen Schrift ist eine wertvolle Hilfe für jeden, der einen geistlichen Weg gehen will, und besonders wertvoll für jeden Lektor. Auch wenn manche Bücher in der Bibel etwas schwierig sind, empfehle ich, die Heilige Schrift einmal komplett durchzulesen – zumindest das Neue Testament!

Dabei darf aber nie vergessen werden, vor dem Lesen und der Betrachtung den Heiligen Geist um Unterstützung zu bitten. Denn „ohne das wirkungsvolle Handeln des ‚Geistes der Wahrheit‘ (Joh 14,16) kann man die Worte des Herrn nicht verstehen. Auch der hl. Irenäus sagt: ‚Jene, die nicht teilhaben am Geist, ziehen nicht aus der Brust ihrer Mutter (der Kirche) die lebensspendende Nahrung, sie erhalten nichts aus der reinsten Quelle, die dem Leib Christi entspringt‘.[81] Wie das Wort Gottes im Leib Christi, im eucharistischen Leib und im Leib der Schriften durch das Wirken des Heiligen Geistes zu uns kommt, so kann es nur durch denselben Geist angenommen und wirklich verstanden werden.“[82]

Das Wort Gottes ist eine Anleitung zu unserer Hilfe und ein wertvolles Mittel, um Gott immer besser kennenzulernen. Der heilige Hieronymus sagt, die Heilige Schrift nicht zu kennen, heißt Christus nicht kennen[83]. Das II. Vatikanische Konzil hat diesen bekannten Satz in der Offenbarungs-

---

[81] Benedikt XVI.: *Verbum Domini* (Anm. 78), 16 mit Verweis auf Anm. 50: „Adversus haereses, III, 24,1: PG7, 966“.

[82] Ebd.

[83] Vgl. DV 25, mit Verweis auf Anm. 5: „Hier., Comm. in Jes., Prol.: PL 24, 17; vgl. Benedikt XV., Enz. Spiritus Paraclitus: Ench. Bibl. 475-480; Pius XII., Enz. Divino afflante: Ench. Bibl. 544.“

konstitution, DV 25, aufgegriffen und dazu ermutigt, beständig in der Heiligen Schrift zu lesen und sie gründlich zu studieren. Zu einem immer vertrauteren Umgang mit Christus gibt es nichts Vergleichbares! Um Christus immer besser kennenzulernen, gibt es nichts Besseres, als die Heilige Schrift zu lesen. Zugleich mahnen die Konzilsväter, das Lesen der Heiligen Schrift mit Gebet zu begleiten, damit dieses Lesen „zu einem Gespräch ... zwischen Gott und Mensch" werde; wörtlich sagen sie, den heiligen Ambrosius aufgreifend: denn „ihn [‚Gott,] reden wir an, wenn wir beten; ihn hören wir, wenn wir Gottes Weisungen lesen"[84].

Das Wort Gottes als Nahrung

„Der Mensch lebt nicht vom Brot allein, sondern von jedem Wort, das aus Gottes Mund kommt" – so hören wir in Mt 4,4! Demnach ist Gottes Wort Nahrung – Nahrung für die Seele!

Warum spreche ich so viel über das Wort Gottes? Weil es das Wichtigste für den Dienst des Lektors ist! Das Wichtigste ist doch zu erkennen, wie wertvoll das Wort Gottes ist, das Sie vortragen dürfen. Es trägt die Fülle Gottes in sich! Daher können wir aus dem Wort Gottes leben – wie Jesus im Rückgriff auf Dtn 8,4 sagt. Denn der Mensch lebt nicht nur vom Brot, sondern von jedem Wort aus Gottes Mund. In Jesu Abschiedsgebet, im sogenannten hohepriesterlichen Gebet, bittet Jesus seinen Vater für seine Jünger: „Heilige sie in der Wahrheit; dein Wort ist Wahrheit" (Joh

[84] Ebd., mit Verweis auf Anm. 6: „Ambr., De officiis ministrorum I, 20, 88; PL 16, 50."

17,17). Diese von Jesus für seine Jünger erbetene Heiligung geschieht durch das Wort Gottes. Im Wort Gottes steckt das Wesen Gottes. Gottes Wort ist nicht nur einfach ein Wort, so wie wir selbst viele Wörter sprechen. Gottes Wort birgt das göttliche Wesen in sich, es ist inspiriert. Gottes Wort hat Gottes ganze Kraft in sich.

Gottes Wort ist Wahrheit (Joh 17,17). Und das Wort Gottes führt uns in die ganze Wahrheit. Daher ist es so wichtig, das Wort Gottes zu betrachten, zu kauen und es betend zu wiederholen.

Es ist so wichtig, das Wort Gottes zu lesen, damit der Heilige Geist diese Worte benutzen kann, um uns Gottes Offenbarung zu vermitteln. Die Wirkung menschlicher Worte ist begrenzt. Auf ein göttliches Wort hin aber geschieht, was dies besagt.

Das, was uns der Gottessohn offenbarte, wie die Ewigkeit oder die Liebe Gottes, das kann menschliche Sprache kaum ausdrücken. Denn menschliche Worte und der Mensch selbst sind begrenzt. Darum dürfen wir immer wieder den Heiligen Geist bitten, uns das Unaussprechliche zu erschließen. Aus diesem Grunde ist es so wichtig, vor dem Lesen des Wortes Gottes den Heiligen Geist zu bitten, damit wir Gottes Offenbarung durchhören können. Dafür ist es hilfreich, das Wort Gottes regelmäßig zu lesen, damit der Heilige Geist uns die Wahrheit immer mehr erschließen kann.

Weitere lehramtliche Vorgaben

In den ersten Abschnitten dieser Einführung in den Lektorendienst habe ich recht viel zur äußeren Ordnung erläutert und dabei vor allem die Grundordnung des Römischen Messbuchs herangezogen. Diese können Sie online nachlesen oder sie bei der Deutschen Bischofskonferenz bei den Arbeitshilfen bestellen. Was gibt es aber neben dieser Grundordnung des Römischen Messbuchs weiter für Vorgaben, wie sieht der weitere lehramtlichen Hintergrund aus?

Papst Benedikt XVI.: Sacramentum Caritatis

Im Anschluss an die Bischofssynode zur Eucharistie 2007 hat Papst Benedikt XVI. ein zusammenfassendes nachsynodales Apostolisches Schreiben verfasst. Es trägt den Titel *Sacramentum Caritatis.* Dieses grundlegende Schreiben, das ich Ihnen sehr empfehle, können Sie bei der Deutschen Bischofskonferenz bestellen oder im Internet abrufen. Dieses zu studieren lohnt sich! Neben den bereits oben zitierten Stellen, kann ich hier nur einige sehr wesentliche Punkte herausgreifen. Darin heißt es in Nr. 44, dass eine gute Aufnahme des Wortes Gottes so wichtig ist, weil „beim Hören des Gotteswortes … der Glaube“ aufkeimt und gestärkt wird (vgl. Röm 10,17). In Anlehnung an die Offenbarungskonstitution des II. Vatikanischen Konzils spricht es von den beiden Tischen, dem Tisch des Wortes und dem Tisch des Brotes, die den Gläubigen angeboten werden. Auch betont es, dass „das … gelesene … Wort Gottes zur Eucharistie als seinem wesenseigenen Ziel hinführt".[85] Es besteht eine innere Beziehung zwischen dem Wort Gottes und dem Geheimnis der Eucharistie. Das Wort Gottes führt zur Eucharistie hin. Aus diesem Grunde schätzt der Papst den Dienst der Lektoren als so wesentlich ein. So sagt er in Nr. 45: „Gemeinsam mit der Synode bitte ich darum, daß der Wortgottesdienst immer gebührend vorbereitet und gelebt wird. Darum empfehle ich dringend, in den Liturgien mit großer Aufmerksamkeit darauf zu achten, daß das Wort Gottes von gut vorbereiteten Lektoren vorgetragen wird. Vergessen wir nie: ‚Wenn in der Kirche die Heiligen Schriften gelesen werden, spricht Gott selbst zu seinem Volk und verkündet Christus, gegenwärtig in seinem Wort, das Evangelium'."[86] Hier verweist er auf die Grundordnung des Römischen Messbuchs in Nr. 29. Dort heißt es ergänzend sogar, dass „die Lesungen des Wortes Gottes ... ein höchst bedeutsames Element der Liturgie sind". Halten Sie sich also immer vor Augen, dass „wenn in der Kirche die Heiligen Schriften gelesen werden, ... Gott selbst zu seinem Volk" spricht, denn es ist Christus selbst, „der gegenwärtig [ist] in seinem Wort" und der sein Wort verkündet[87]. Denn das gelesene und verkündete Wort Gottes – so Papst Benedikt XVI. weiter – ist „ja das fleischgewordene Wort (vgl. *Joh* 1,14); es besitzt einen inneren Bezug zur Person Christi und zur sakramentalen Weise seines Gegenwärtigbleibens". Daher spreche Christus „nicht in der Vergangen-

[85] Benedikt XVI.: *Sacramentum Caritatis* (Anm. 42), 44.

[86] Ebd., 45 mit Verweis auf GORM, 29.

[87] Ebd., 29.

heit, sondern in unserer Gegenwart". Christus ist selbst gegenwärtig, er wirkt und handelt durch seinen Geist. Anders formuliert: Im Wort Gottes ist Christus durch seinen Geist lebendig und spricht in unser HEUTE. Durch dieses Sprechen wird seine leibliche Gegenwart vorbereitet.

Sie sehen schon, welch große Bedeutung das Wort Gottes hat. Indem Sie im Lektorendienst den *Tisch des Wortes* bereiten, bereiten Sie einen wirklich wesentlichen Teil der heiligen Messe und führen zum *Tisch des Brotes*, der Eucharistie, hin. Weiter betont der Papst, dass „die Kenntnis und das Studium des Wortes Gottes" dazu beitrage, „die Eucharistie besser zu schätzen, zu feiern und zu leben" (ebd.).

Dei Verbum (DV)

Wie könnte ich aber vom Wort Gottes sprechen, ohne die Offenbarungskonstitution des II. Vatikanischen Konzils zu zitieren? Sie bringt die Bedeutung der Heiligen Schrift sehr schön auf den Punkt. So heißt es in Nr. 21:

„Die Kirche hat die Heiligen Schriften immer verehrt wie den Herrenleib selbst, weil sie, vor allem in der heiligen Liturgie, vom Tisch des Wortes Gottes wie des Leibes Christi ohne Unterlaß das Brot des Lebens nimmt und den Gläubigen reicht. In ihnen zusammen mit der Heiligen Überlieferung sah sie immer und sieht sie die höchste Richtschnur ihres Glaubens, weil sie, von Gott eingegeben und ein für alle Male niedergeschrieben, das Wort Gottes selbst unwandelbar vermitteln und in den Worten der Propheten und der Apostel die Stimme des Heiligen Geistes vernehmen lassen. … . In den Heiligen Büchern kommt ja der Vater, der im Himmel

„In den Heiligen Büchern kommt ja der Vater, der im Himmel ist, seinen Kindern in Liebe entgegen und nimmt mit ihnen das Gespräch auf." (DV 21)

ist, seinen Kindern in Liebe entgegen und nimmt mit ihnen das Gespräch auf. Und solche Gewalt und Kraft west im Worte Gottes, daß es für die Kirche Halt und Leben, für die Kinder der Kirche Glaubensstärke, Seelenspeise und reiner, unversieglicher Quell des geistlichen Lebens ist. Darum gelten von der Heiligen Schrift in besonderer Weise die Worte: ‚Lebendig ist Gottes Rede und wirksam' (*Hebr* 4,12), ‚mächtig aufzubauen und das Erbe auszuteilen unter allen Geheiligten' (*Apg* 20,32; vgl. 1 *Thess* 2,13)." (DV 21)

Als ich diesen Abschnitt einer Theologin vortrug, erfüllten sie großer Respekt und Ehrfurcht vor diesem hohen Dienst des Vortragens des Wortes Gottes. Ich hoffe, auch Sie, liebe Lektoren, haben sich davon erfassen lassen!

Doch schauen wir noch einmal genauer auf diese Abschnitte! Zunächst hören wir von der großen Verehrung, die der Heiligen Schrift immer entgegengebracht wurde. Sie wurde verehrt wie der Leib des Herrn! Dann hören wir die bekannten Vergleiche, wonach die Gläubigen in der Eucharistiefeier Nahrung erhalten vom „Tisch des Wortes" – also dem vorgetragenen Wort Gottes – sowie vom „Tisch des Brotes", dem Leib Christi! BEIDES dient den Gläubigen als Nahrung, als „Brot des Lebens".

Zugleich wird betont, dass die Heilige Schrift zusammen mit der Tradition, das heißt dem über Jahrzehnten praktizierten Glauben, „die höchste Richtschnur" ist und als „von Gott eingegeben" angesehen wird; durch sie wird

„die Stimme des Heiligen Geistes" vernehmbar (DV 21). Weiter heißt es: In der Heiligen Schrift „kommt ja der Vater, der im Himmel ist, seinen Kindern in Liebe entgegen und nimmt mit ihnen das Gespräch auf" (ebd.) Dann wird betont, dass das Wort Gottes „solche Gewalt und Kraft" hat, „daß es für die Kirche Halt und Leben, für die Kinder der Kirche Glaubensstärke, Seelenspeise und reiner, unversieglicher Quell des geistlichen Lebens ist" (ebd).

Hierauf folgen die Selbstaussagen der Heiligen Schrift:

> „Lebendig ist Gottes Rede und wirksam" (Hebr 4,12);
> „mächtig aufzubauen und das Erbe auszuteilen unter allen Geheiligten (Apg 20,32; vgl. 1 Thess 2,13)".

Da kann man doch nur staunen, wie hoch das Wort Gottes in den Texten des II. Vatikanums eingeschätzt wird! Die gleiche Konstitution erklärt ebenfalls treffend, was jeder Lektor am Ende seines Vortrags bekennt: *Es ist* das Wort Gottes! Wir sprechen von der Heiligen Schrift, weil in ihr uns vorliegt, was Gott uns offenbarte. Es „ist unter dem Anhauch des Heiligen Geistes aufgezeichnet worden" (DV 11). Daher werden „die Bücher des Alten wie des Neuen Testamentes in ihrer Ganzheit mit allen ihren Teilen als heilig" betrachtet, denn sie wurden „unter der Einwirkung des Heiligen Geistes geschrieben (vgl. Joh 20,31; 2 Tim 3,16; 2 Petr 1,19-21; 3,15-16)" und haben „Gott zum Urheber"[88].

> **Die Heilige Schrift ist „unter der Einwirkung des Heiligen Geistes geschrieben (vgl. Joh 20,31; 2 Tim 3,16; 2 Petr 1,19-21; 3,15-16)" (DV 11).**

[88] DV 11 mit Verweis auf die Dogmatische Konstitution des I. Vatikaanischen Konzils *Dei Filius* 2 (DH 3006).

Weiter ermahnt die Offenbarungskonstitution, daran zu „denken, daß Gebet die Lesung der Heiligen Schrift begleiten muß, damit sie zu einem Gespräch werde zwischen Gott und Mensch; denn ‚ihn reden wir an, wenn wir beten; ihn hören wir, wenn wir Gottes Weisungen lesen'"[89].

Verbum Domini

2008 gab es eine Bischofsynode zum ‚Wort Gottes im Leben und der Sendung der Kirche'. Dabei haben die Synodenväter auf die „Notwendigkeit einer angemessenen Schulung[90] für die Ausübung des Dienstes des Lektors in der liturgischen Feier"[91] hingewiesen. In seinem im Anschluss an die Synode verfassten nachsynodalen Apostolischen Schreiben *Verbum Domini* hat Papst Benedikt XVI. gemahnt, dass die mit dieser Aufgabe betrauten Lektoren „wirklich dafür geeignet und gut vorbereitet sein" müssen und sich deren Vorbereitung sowohl über einen biblischen und liturgischen Teil als auch einen technischen Teil erstrecken müsse. Hierzu legt er im Einzelnen fest: „Die biblische [Vorbereitung] soll darauf abzielen, daß die Lektoren … die Lesungen in ihrem Kontext erfassen und die Hauptaussagen der geoffenbarten Botschaft im Licht des Glaubens verstehen können. Die liturgische Vorbereitung soll die Lektoren … in den Sinn und den Aufbau des Wortgottesdienstes einführen und ih-

[89] DV 25 mit Verweis auf: „Ambr., *De officiis ministrorum* I, 20, 88; PL 16, 50".

[90] Benedikt XVI.: *Verbum Domini* (Anm. 78), 58 mit Verweis auf Propositio 14.

[91] Ebd. mit Verweis auf „Codex des kanonischen Rechtes, Can. 230 § 2; 204 § 1".

nen die Beziehung zwischen ihm und der Eucharistiefeier erschließen. Die technische Schulung soll die Lektoren … immer mehr vertraut machen mit der Kunst, vor der Gemeinde zu lesen und dabei die eigene Stimme sowie gegebenenfalls die Möglichkeiten einer Lautsprecheranlage richtig einzusetzen.“[92]

Im weiteren Verlauf seines Schreibens hat Papst Benedikt XVI. betont, dass das Wort Gottes „sich an jeden persönlich richtet“[93]. Weiter hat er „mehrmals mit Nachdruck darauf hingewiesen, daß der betende Zugang zum heiligen Text“ unverzichtbar sei und das betende Lesen der Heiligen Schrift, die *lectio divina*, empfohlen: „Das Wort Gottes ist ja das Fundament jeder echten christlichen Spiritualität“ (ebd.). Daher lege auch die Offenbarungskonstitution des II. Vatikanums jedem das durch Gebet begleitete Lesen der Heiligen Schrift nachdrücklich nahe: Die Gläubigen sollten „daran denken, daß Gebet die Lesung der Heiligen Schrift begleiten muß“ (DV 25).

Das Lesen der Heiligen Schrift muss durch Gebet begleitet werden (vgl. DV 25).

Weiter verweist Papst Benedikt XVI. darauf, dass auch die Kirchenväter stets empfahlen, sich der Schrift im Dialog mit Gott zu nähern. Sehr treffend formuliere dies der heilige Augustinus: „Dein Gebet ist dein an Gott gerichtetes Wort. Wenn du [die Bibel] liest, spricht Gott zu dir;

---

[92] Ebd. mit Verweis auf die Pastorale Einführung in das Messlektionar (Anm. 95), 55.

[93] Ebd. 86, mit Verweis auf die „Propositiones 9; 22“.

wenn du betest, sprichst du zu Gott."[94] Und der Kirchenvater Origenes betone, dass für „das Verständnis der Schrift nicht nur das Studium, sondern mehr noch die Vertrautheit mit Christus und das Gebet" erforderlich seien. Aus diesem Grunde sei er davon überzeugt, dass die Liebe der beste Weg ist, Gott kennenzulernen. In einem Brief an einen Gregorius schreibe er: „Widme dich der lectio der göttlichen Schriften; bemühe dich mit Beharrlichkeit darum"; wenn du dabei während des Lesens und Betrachtens „vor einer verschlossenen Tür stehst, klopfe an" und Jesus wird sie dir öffnen[95]. „Wenn du dich auf diese Weise der lectio divina widmest, suche redlich und mit unerschütterlichem Gottvertrauen den Sinn der göttlichen Schriften, der sich in ihnen in reicher Fülle verbirgt. Du darfst dich jedoch nicht damit zufrieden geben, anzuklopfen und zu suchen: Um die Dinge Gottes zu verstehen, bedarfst du unbedingt der oratio" – also des Gebetes (ebd.). Dieser große alexandrinische Theologe geht sogar so weit zu fordern, dass ohne Gebet sich die Fülle in den göttlichen Schriften *nicht* erschließen lasse.

Pastorale Einführung ins Messlektionar

Abschließend möchte ich noch den Blick auf die Pastorale Einführung in das Messlektionar (PEM) von 1981 werfen. Diese findet sich im Internet oder ist gedruckt bestellbar bei den Veröffentlichungen der Deutschen Bischofskonfe-

[94] Ebd. mit Verweis auf: „*Enarrationes in Psalmos,* 85, 7: *PL* 37, 1086".

[95] Ebd. mit Verweis auf „Origenes, *Epistola ad Gregorium,* 3: *PG* 11, 92".

renz[96]. Zu den Lektionarsbänden mit dem revidierten Text der Einheitsübersetzung der Bibel (2016) gibt es bisher online oder allgemein zugänglich noch keine Einführung. Die Pastorale Einführung von 1981 ist weiterhin gültig und auf sie werde ich mich daher beziehen und die wichtigsten Punkte für den Lektorendienst hieraus zusammenfassen. Der größte Teil dieser Einführung betrifft die Auswahl der Lesungen, kurz die Leseordnung, die im Direktorium festgelegt ist und der Zelebrant vornimmt. Kernpunkte dazu habe ich aber bereits vorgestellt (–> eigenes Kapitel).

Einige zentrale Dinge aus der Pastoralen Einführung werde ich nun anführen, auch wenn sie bereits Thema waren – doch Wiederholung dient der Vertiefung!

Am wichtigsten ist wohl die Nr. 14 der Einführung, wo es heißt: „Die Lektoren sollen die biblischen Texte laut, deutlich und sinngemäß vortragen. Dies trägt viel dazu bei, der Gemeinde das Wort Gottes richtig zu vermitteln. Die Lesungen sind den approbierten Ausgaben zu entnehmen." Und weiter heißt es in Nr. 18: Der Ruf *Verbum Domini* – deutsch: *Wort des lebendigen Gottes* am Ende der Lesungen – kann auch gesungen werden (Kantor). Die versammelte Gemeinde ehrt durch ihre Antwort „das Wort Gottes, das sie im Glauben und im Geist der Danksagung aufgenommen hat" (PEM 18). Weiter wird betont, dass die biblischen Lesungen „weder weggelassen noch vermindert werden"

[96] Pastorale Einführung ins Messlektionar gemäß der Zweiten Authenntischen Ausgabe des Ordo lectionum missae (1981). In: Sekretariat der Deutschen Bischofskonferenz (Hg.): Die Messfeier – Dokumentensammlung. (Arbeitshilfen Nr. 77). Bonn [12]2015 (eine empfehlenswerte Sammlung von Texten für die Praxis).

dürfen (PEM 12). „Erst recht dürfen die biblischen Lesungen nicht durch andere, nichtbiblische Lesungen ersetzt werden"[97]. In Nr. 19 heißt es dann, dass der Antwortpsalm „liturgisch und pastoral von großer Bedeutung" und „ein ‚wesentliches Element des Wortgottesdienstes'" ist (AEM 36). Er soll nicht ersetzt und idealerweise gesungen werden – zumindest der Kehrvers. „Wo der Antwortpsalm nicht gesungen wird, soll er auf eine Weise gesprochen werden, die die Betrachtung des Wortes Gottes fördert" (AEM 18.39).

Auch die Pastorale Einführung in das Messlektionar betont: Je tiefer man den Gottesdienst erfasst und versteht, desto mehr wird man auch „die Bedeutung des Wortes Gottes schätzen" (PEM 5). Sie sehen also wieder, wie wichtig das Wort Gottes ist. „Denn im Wort Gottes, … ‚spricht' bis heute ‚Gott zu seinem Volk'" (SC 33). „Der tägliche Umgang mit der Heiligen Schrift macht das Volk Gottes bereit, sich im Licht des Glaubens dem Heiligen Geist zu öffnen und durch sein Leben vor der Welt Zeugnis abzulegen für Christus" (PEM 12). Weiter heißt es dort: „Durch das Wort Gottes wird das Heilswerk unaufhörlich gegenwärtig gesetzt und fortgeführt und findet im gottesdienstlichen Tun sogar erst seinen vollen Ausdruck. So wird der Gottesdienst zur dauernden, vollen und wirksamen Verkündigung des

[97] Pastorale Einführung ins Messlektionar (Anm. 96), 12 mit Verweis auf: „Kongregation für die Sakramente und den Gottesdienst: Instruktion *Liturgicae instaurationes* vom 5. September 1970, Nr. 2: AAS 62 (1970) 695-696; Johannes Paul II.: Brief „*Dominicae cenae*" vom 24. Februar 1980, Nr. 10: AAS 72 (1980) 134-137, Kongregation für die Sakramente und den Gottesdienst: Instruktion *Inaestimabile donum* vom 3. April 1980, Nr. 1: AAS 72 (1980) 333".

Wortes Gottes"; immer aber ist Christus selbst „in seinem Wort gegenwärtig"[98]. „Das im Gottesdienst fortwährend verkündete Wort Gottes ist durch die Kraft des Heiligen Geistes immer lebendig und wirksam (vgl. Hebr 4,12) und bezeugt so die immer tätige Liebe des Vaters zu den Menschen" (PEM 4).

Das von den Gläubigen gesprochene „Amen" entspricht dem „So sei es", das Christus mit der Hingabe seines Lebens sprach; in dieser Weise erwartet Gott immer Antwort, wenn er sein Wort mitteilt, „nämlich das Hören und die Anbetung ‚im Geist und in der Wahrheit' (Joh 4,23)" (PEM 6). Durch den Heiligen Geist entfaltet sich das in der Liturgie Gehörte schließlich im Leben entsprechend der Aufforderung: „Hört das Wort nicht nur an, sondern handelt danach" (Jak 1,22).

Das Wort Gottes bleibt nicht ohne Wirkung. Es baut die Kirche auf! „Die wunderbaren Taten, die Gott einst auf vielfältige Weise in der Heilsgeschichte gewirkt hat, werden unter den Zeichen gottesdienstlichen Feierns geheimnisvoll,

---

[98] Pastorale Einführung ins Messlektionar (Anm. 96), 4 mit Verweis auf SC 7, 33; „Mk 16, 19–20; Mt 28, 20; Aug., Sermo 85,1: ‚Der Mund Christi ist das Evangelium. Er thront im Himmel, aber er hört nicht auf, auf Erden zu sprechen' (PL 38, 520; vgl. auch: In Jo. Ev. Tract. XXX, 1: PL 35, 1632; CCL 36, 289) und aus dem Pontificale Romano Germanicum jenes Wort: ‚Es wird aber das Evangelium gelesen; in dem Christus mit seinem Mund zum Volk spricht, damit … das Evangelium in der Kirche von neuem rufe, wie wenn Christus selbst zu seinem Volk sprechen würde' (vgl. V. Vogel-R. Elze [Hrsg.], Le Pontifical Romano-germanique du dixième siècle. Le Texte I. Città del Vaticano 1963, XCIV, 18 S. 334) oder: ‚Da nämlich Christus selbst zu uns kommt, das ist im Evangelium, werfen wir die Krücken weg, da wir menschlicher Hilfe nicht mehr bedürfen' (ebd. XCIV, 23, S. 335)".

aber wirklich gegenwärtig“ und „umgekehrt nimmt Gott die Gottesdienst feiernde Gemeinde in Dienst, damit sein Wort sich ausbreite und verherrlicht werde“ (PEM 7; vgl. 2 Thess 3,1). Die Kirche wächst durch das Hören auf das Wort Gottes und sie wird dadurch gestärkt und ermutigt!

Sooft „der Heilige Geist die Kirche zum Gottesdienst versammelt[99], verkündet sie laut das Wort Gottes … . Alle Christen aber sind durch Taufe und Firmung … Verkünder des Wortes Gottes. Sie haben die Gabe des Hörens empfangen und den Auftrag, das gehörte Wort Gottes in Kirche und Welt zu verkünden, zumindest durch das Zeugnis ihres Lebens. Das Wort Gottes selbst aber, … gilt nicht nur der gegenwärtigen Situation; es blickt auch zurück auf die vergangenen Dinge und schaut mit Sehnsucht und Hoffnung aus nach den kommenden [Dingen], damit unsere Herzen im Wechsel der Dinge dort verankert seien, wo die wahren Freuden sind“.[100]
Das waren sehr tiefe Einsichten zum Wort Gottes. Es ist immer aktuell und soll daher nicht einfach durch andere Abschnitte ersetzt werden.

Schließlich finden sich in der Pastoralen Einführung in das Messlektionar auch erstaunliche Empfehlungen, die nicht nur den Zelebranten betreffen, sondern alle liturgischen Dienste: „Der Wortgottesdienst soll in einer Weise

---

[99] Vgl. Messbuch: Die Tagesgebete „Für die heilige Kirche“. 1018, 1019, 1021; Cyprian, De oratione dominica 23: PL 4, 553; CSEL 3/2, 285; CCL 3A, 105; Aug., Sermo 71, 20, 33: PL 38, 463f.

[100] Pastorale Einführung ins Messlektionar (Anm. 96), 7 mit Verweis auf: „vgl. Tagesgebet des 21. Sonntag im Jahreskreis, Messbuch II, 232“.

gefeiert werden, daß er zur Besinnung führt. Es ist selbstverständlich, daß darum jede Eile vermieden werden muß, da sie der Sammlung im Wege steht. Das Zwiegespräch zwischen Gott und den Menschen unter dem Einfluß des Heiligen Geistes erfordert Augenblicke der Stille. Wenn sie auf die Gemeinde abgestimmt sind, helfen sie ihr, das Wort Gottes innerlich anzunehmen und eine Antwort im Gebet vorzubereiten" (PEM 28).

Papst Franziskus: Sonntag des Wortes Gottes

Um die Bedeutung des Wortes Gottes hervorzuheben, hat Papst Franziskus einen Sonntag des Wortes Gottes am 3. Sonntag im Jahreskreis eingeführt. Es soll ein besonderer Tag des Dankes für „die Schatzkammer der Bibel" (SC 51) für alle Christinnen und Christen sein und alle christlichen Konfessionen miteinander verbinden. Die Deutsche Bischofskonferenz hat dieses Anliegen des Papstes mit der Praxis des ökumenischen Bibelsonntages verbunden und festgelegt, dass der Sonntag des Wortes Gottes künftig immer am letzten Sonntag im Januar begangen wird.

In seiner ersten Predigt zum eingeführten Sonntag des Wortes Gottes hat Papst Franziskus herausgestellt, dass das Wort Gottes eine spezielle Kraft hat. Es seien Worte, die zeigten, dass Gott uns nahe ist und uns Mut für unseren Lebensweg schenken will. „Gott ist nahe" sei „das Leitmotiv von Jesu Verkündigung gewesen, das Herzstück seiner Botschaft"[101]. „Noch vor jedem Wort von uns über Gott

---

[101] Papst Franziskus: Predigt zum Sonntag des Wortes Gottes am 24.1.2021, OR (D) 1.3 vom 18.6.2021 bzw. online: https://www.

gibt es sein Wort für uns, das immer weiter zu uns sagt: ‚Hab keine Angst, ich bin bei dir. Ich bin dir nahe und werde bei dir bleiben.'" Wörtlich sagte der Papst: „Der Herr tröstet (con-sola) nämlich mit seinem Wort, das heißt, er bleibt bei (con) dem, der allein (solo) ist. Wenn er mit uns spricht, erinnert er uns daran, dass wir in seinem Herzen einen Platz haben, dass wir in seinen Augen wertvoll sind, dass er uns in seinen Händen geborgen hält." Jesus aber spreche zu allen Menschen, an allen Orten, zu Menschen an den alltäglichsten Orten, um „zu sagen, dass das Herz Gottes niemanden am Rande stehen läßt. Alle können sein Wort empfangen und ihn persönlich kennenlernen". Das aber zeige „die *universale Kraft* des Wortes Gottes, das jeden Menschen und jeden Lebensbereich erreicht".

Wie bei den Fischern am See Genezareth, so „macht es der Herr auch mit uns: Er sucht uns dort, wo wir stehen, er liebt uns so, wie wir sind, und begleitet geduldig unsere Schritte".

Am Ende seiner Predigt zum Sonntag des Wortes Gottes 2021 mahnte der Papst, daher „nicht auf das Wort Gottes" zu verzichten: „Es ist ein Liebesbrief, für uns von dem geschrieben, der uns kennt wie kein anderer: Beim Lesen hören wir wieder neu seine Stimme, nehmen wir sein Gesicht wahr, empfangen wir seinen Geist. Das Wort lässt uns Gott nahe sein – halten wir es nicht fern von uns. Tragen wir es immer bei uns – in der Tasche, auf dem Telefon – und

---

vatican.va/content/francesco/de/homilies/2021/documents/papa-francesco_20210124_omelia-domenicadellaparoladidio.html vom 18.6.2021; *im Folgenden bis zum Änderungsverweis ebd.*

geben wir ihm einen würdigen Platz in unseren Häusern. Stellen wir die Heilige Schrift auf einen Platz, wo wir daran erinnert werden, sie täglich aufzuschlagen, vielleicht am Beginn und am Ende des Tages, sodass unter all den Worten, die an unsere Ohren dringen, der eine oder andere Vers des Wortes Gottes zu unserem Herzen gelangt. Dafür bitten wir den Herrn um die Kraft, den Fernseher auszuschalten und die Bibel aufzuschlagen; das Handy beiseitezulegen und das Evangelium zur Hand zu nehmen." Weiter empfiehlt der Papst ganz konkret, das aktuelle Lesejahr mitzulesen – täglich einen kurzen Abschnitt. „Dies wird uns spüren lassen, dass der Herr nahe ist, und uns auf unserem Lebensweg mit Mut erfüllen".

In seinem Apostolischen Schreiben zur Einführung des Sonntages des Wortes Gottes hat Papst Franziskus darauf verwiesen, dass es der Herr ist, der das Verständnis für die Heilige Schrift schenkt. Denn in der Emmausgeschichte lesen wir von Jesus: „Darauf öffnete er ihren Sinn für das Verständnis der Schrift" (Lk 24,45). Daraus leitet der Papst dann ab: „Ohne den Herrn, der uns in die Heilige Schrift einführt, ist es unmöglich, sie in ihrer Tiefe zu verstehen"; umgekehrt aber gelte: „Ohne die Heilige Schrift sind die Ereignisse der Sendung Jesu und seiner Kirche in der Welt nicht zu verstehen."[102] Auch sei die Heilige Schrift ein ständiger „Dialog Gottes mit seinem Volk" und diesen „unerschöpflichen Reichtum" möchte er durch die Einführung eines Sonntags des Wortes Gottes erschließen (ebd. 2).

---

[102] Franziskus: Apostolisches Schreiben *APERUIT ILLIS zur Einführung des Sonntages des Wortes Gottes* vom 30.09.2019, 1.

Um diese Lehre zu vertiefen, habe Papst Benedikt XVI. 2008 eine eigene Bischofssynode zum Thema „Das Wort Gottes im Leben und in der Sendung der Kirche" einberufen. Den von ihm eingeführten Sonntag des Wortes Gottes empfiehlt Papst Franziskus für die Beauftragung zum Lektorendienst zu nutzen. Dazu merkt er an: „Die Bischöfe können an diesem Sonntag die Beauftragung zum Lektorat oder einem ähnlichen Dienst erteilen, um an die Bedeutung der Verkündigung des Wortes Gottes in der Liturgie zu erinnern. Es ist in der Tat wesentlich, alles dafür zu tun, dass einige Gläubige darauf vorbereitet werden, authentische Verkünder des Wortes zu sein. Hierfür braucht es eine angemessene Ausbildung."[103] Sie fragen sich vielleicht, wieso Papst Franziskus von einer eigenen Beauftragung zum Lektorendienst spricht. Ist dies wirklich notwendig? – Ja, Sie werden ganz anders vortragen, wenn Sie in der Sendung der Kirche stehen! Dieser Dienst wird ganz anders wahrgenommen und ausgeübt, wenn sich eine Beauftragung (und sei es nur durch den Pfarrer) weiter ausbreitet.

Den Pfarrern empfiehlt er in seinem Apostolischen Schreiben zur Einführung eines Sonntags des Wortes Gottes weiter „die Bibel – oder eines ihrer Bücher – der ganzen Gottesdienstgemeinde zu übergeben, um hervorzuheben, wie wichtig es ist, im Alltag das Lesen und die Vertiefung der Heiligen Schrift wie auch das Beten mit ihr fortzusetzen" (ebd.). Sie sehen, auch Papst Franziskus empfiehlt das betende Lesen der Heiligen Schrift, die lectio divina!

[103] Ebd., 3.

Und schließlich ruft Papst Franziskus leidenschaftlich dazu auf: „Lasst uns nie müde werden, der Heiligen Schrift Zeit und Gebet zu widmen" (ebd. 5). Demnach legt uns der Papst das Betrachten des Gotteswortes wirklich nachdrücklich ans Herz.

Wir dürfen den Heiligen Geist bitten, uns das Wort Gottes zu erschließen. Dazu haben bereits die Konzilsväter gemahnt und betont, dass „die Heilige Schrift ‚in dem Geist gelesen und ausgelegt werden muß, in dem sie geschrieben wurde' (Dei Verbum, 12)"[104]. In gleicher Weise hat dies auch die Offenbarungskonstitution des II. Vatikanums in Nr. 12 ausgedrückt. Zum Verständnis des inspirierten Wortes Gottes bedarf es des Heiligen Geistes. Bitten wir immer wieder den Geist Gottes, uns SEIN Wort und seine Wahrheit zu erschließen!

[104] Ebd., 10 mit Verweis auf die Offenbarungskonstitution *Dei Verbum* des II. Vatikanischen Konzils.

Eine kleine Zusammenschau: Lebendig ist Gottes Wort (Hebr 4,12)

Wenn wir das Wort Gottes regelmäßig lesen und betend betrachten, werden wir erfahren, wie lebendig Gottes Wort ist. Davon lesen wir auch im Hebräerbrief 4,12: „Denn lebendig ist das Wort Gottes, wirksam und schärfer als jedes zweischneidige Schwert; es dringt durch bis zur Scheidung von Seele und Geist, von Gelenken und Mark."

Von der Lebendigkeit des Wortes Gottes zeugt nicht nur das Wort Gottes selbst, sondern auch die vielen Menschen, die sich von einem Wort Gottes haben treffen lassen, wie der heilige Antonius, der heilige Augustinus und viele andere – wie ich bereits erwähnte.

Das Wort Gottes hat eine Wirkung. Dies zeigt sich in einem Gespür für Richtig und Falsch. So lesen wir im Hebräerbrief: Das Wort Gottes „richtet über die Regungen und Gedanken des Herzens" (Hebr 4,12). Das Wort Gottes schenkt ein geistliches Gespür für eine Unterscheidung der Geister. Das Wort Gottes prägt uns. Das Wort Gottes ist Geist und Leben (vgl. Joh 6,63). Es schenkt Glauben. Diese Kraft hat es, denn es ist Gottes Wort und nicht Menschenwort. Davon schreibt Paulus in seinem 1. Brief an die Thess 2,13: „Darum danken wir Gott unablässig dafür, dass ihr das Wort Gottes, … nicht als Menschenwort, sondern – was es in Wahrheit ist – als Gottes Wort angenommen habt; und jetzt ist es in euch, den Glaubenden, wirksam."

Somit ist der Auftrag des Lektors überaus wichtig: Er soll das Wort Gottes so vortragen, dass dieses kraftvolle

Wort in die Herzen der Hörer fallen und dort Frucht bringen kann. Im Anschluss an die heilige Messe sind schließlich die Hörer mit der Aussendung am Ende gerufen, das Wort Gottes in den Alltag zu tragen. Das lateinische ‚Ite missa est', das wir als ‚Gehet hin in Frieden' kennen, müsste eigentlich besser mit ‚Geht, ihr seid gesandt!' übersetzt werden. Die Gläubigen sind gerufen, das Wort Gottes ihrer Umgebung sagen. Ein Beispiel für eine Weitergabe wäre, einem mit Sorgen beladenen Menschen das Wort Gottes aus Mt 6,25f zu sagen: „Sorgt euch nicht um euer Leben." Wenn ich dieses Wort einem Menschen sage, darf ich auf die Kraft und Zuversicht vertrauen, die in diesem Wort Gottes steckt. Es ist ein Unterschied, ob ich mit menschlichen Worten antworte, oder ob ich ein Wort Gottes zitiere! Daher ist es so wertvoll, gerade Menschen in Not ein Wort Gottes mitzugeben. Es kann dann wie im Gleichnis von der selbstwachsenden Saat oder vom Senfkorn aufgehen (Mk 4,26-32). Zunächst ist es unscheinbar und klein, wächst aber zu einem großen Gewächs, in dessen Schatten die Vögel des Himmels ausruhen können.

Diese Ausführungen zeigen, dass das Wort Gottes vorzutragen, KEINE Nebensache ist! Es ist ein wesentlicher und sehr fruchtbarer Teil der gesamten Eucharistiefeier! Umso wichtiger ist ein vortrefflich und langsam gelesener, gut verständlicher Vortrag! Vergessen Sie nie:

SIE tragen dazu bei, dass das WORT GOTTES in die HERZEN der Zuhörer fallen kann!

In seinem Schreiben zum Lektorendienst hat Papst Paul VI. die seit „ältesten Zeiten“ bestehende Tradition gewürdigt und den Lektoren empfohlen, die Heilige Schrift immer mehr zu lieben, sie täglich zu lesen und sie immer besser kennenzulernen.[105] So heißt es in *Ministeria quaedam*: „Eingedenk seines übernommenen Amtes soll der Lektor mit allen Kräften danach streben und sich der geeigneten Hilfsmittel bedienen, dass er sich eine täglich wachsende, lebendige und innige Liebe zur Heiligen Schrift und deren Kenntnis aneigne, um dadurch ein immer vollkommenerer Jünger des Herrn zu werden.“ Der Papst wünscht sich demnach für den Lektorendienst eine wachsende Liebe und lebendige Beziehung zum Wort Gottes.

> Der Lektorendienst soll „... mit allen Kräften danach streben ... eine täglich wachsende, lebendige und innige Liebe zur Heiligen Schrift und deren Kenntnis“ sich anzueignen. (Paul VI.)

Es gäbe noch sehr viel zu sagen. Das Wichtigste ist aber vor allem, die Bedeutung des Lektorendienstes zu erfassen. Es ist so bedeutsam zu erfassen, WIE wichtig und wertvoll es ist, dass das Wort Gottes sehr gut vorgetragen wird! So hoffe ich, dass dieser kleine Lektorenkurs hierzu beigetragen wird.

> Maria, Mutter des Wortes, bitte für uns!

[105] Paul VI.: Motu Proprio *Ministeria quaedam*. 1972; das Motu Proprio beginnt mit: „Bestimmte Dienste ... waren schon in ältesten Zeiten von der Kirche eingerichtet worden“.

Abkürzungen und Hinweise

(auch Standardwerke werden hier angeführt; dies dient als Erleichterung für Nicht-Theologen)

AEM — Allgemeine Einführung in das Römische Messbuch
Sie befindet sich im Römischen Messbuch in den ersten Seiten abgedruckt. Sie kann zusammen mit einer Auswahl der wichtigsten Bestimmungen bezogen werden in einem Sammelband bei den Veröffentlichungen der Deutschen Bischofskonferenz: Die Messfeier – Dokumentensammlung. Auswahl für die Praxis. (Arbeitshilfen Nr. 77). Bonn ^{12}2015.

DH — Denzinger-Hünermann
Umfassende Sammlung lehramtlicher Entscheide lateinisch – deutsch Denzinger, Heinrich/Hünermann, Peter (Hrsg.): Kompendium der Glaubensbekenntnisse und kirchlichen Lehrentscheidung. Enchiridion symbolorum definitionum et declarationum de rebus fidei et morum. Freiburg/Br. ^{45}2017.

DS — Denzinger Schönmetzer
Lateinische Ausgabe der Glaubensbekenntnisse und kirchlichen Lehrentscheide (Vorgänger von DH)

DV — Offenbarungskonstitution des II. Vatikanischen Konzils *Dei Verbum*

GORM — Grundordnung des Römischen Messbuchs löst die AEM ab, wenn das neue deutsche Messbuch in 3. Auflage (Missale Romanum Editio Typica Tertia 2002) erscheint; eine Vorabpublikation ist erschienen bei den Veröffentlichungen der Deutschen Bischofskonferenz, Arbeitshilfen Nr. 215: Grundordnung des Römischen Messbuchs. Vorabpublikation zum Deutschen Messbuch (3. Auflage). (Arbeitshilfen Nr. 215). Bonn ^{2}2007.

GS	Pastoralkonstitution des II. Vatikanischen Konzils *Gaudium et spes*
KKK	Katechismus der Katholischen Kirche
JRGS	Ratzinger, Joseph: Gesammelte Schriften. Freiburg/Br. 2010-2022.
MD	Mediator Dei Enzyklika von Pius XII. über die Heilige Liturgie von 1947 Angabe mit Seitenverweis auf die Ausgabe, hrsg. von Klaudius Jüssen im Badenia Verlag, Karlsruhe 1948.
NR	Neuner-Roos Kompakte Sammlung der wichtigsten lehramtlichen Urkunden (Standardwerk); thematische Zusammenstellungen; Neuner, Josef/Roos, Heinrich: Der Glaube der Kirche in den Urkunden der Lehrverkündigung. Regensburg [13]1992.
LG	Kirchenkonstitution des II. Vatikanischen Konzils *Lumen gentium*
PEM	Pastorale Einführung ins Messlektionar zur Zweiten Authentischen Ausgabe des Ordo lectionum Missae (1981); erschienen bei den Veröffentlichungen der Deutschen Bischofskonferenz. (Arbeitshilfen Nr. 77). Bonn 2015. Sie wurde für die neuen Lektionarsbände übernommen.
PO	Priesterdekret des II. Vatikanischen Konzils *Presbyterorum ordinis*
Sacr. Car.	*Sacramentum Caritatis,* nachsynodales Apostolisches Schreiben von Papst Benedikt XVI. zur Eucharistie (2007) [eigene Abkürzung].
SC	Liturgiekonstitution des II. Vatikanischen Konzils *Sacrosanctum Concilium*

Weiterführende Literatur

Balthasar, Hans Urs: Eucharistie als Gabe der Liebe. Freiburg/Br. 1986.

Benedikt XVI.: Nachsynodales Apostolisches Schreiben *Sacramentum Caritatis*. (VdAS Nr. 177). Bonn [2]2007 (Lehramtliches Schreiben zur Eucharistiefeier).

Benedikt XVI.: Nachsynodales Apostolisches Schreiben *Verbum Domini*. (VdAS Nr. 187). Bonn 2010 (Lehramtliches Schreiben zum Wort Gottes).

Benini, Marco: Sprachrohr und Zeuge. Der Lektorendienst – liturgietheologische Grundlegung und pastorale Praxis. In: Gottesdienst 53 (2019) 109-111.114.

Böntert, Stefan/Stockhoff, Nicole: Dem Wort Gottes eine Stimme geben. Leitfaden für den Lektorendienst. Freiburg/Br. 2020.

Buob, Hans: Die Eucharistiefeier. Eine Übersetzung vom Deutschen ins Geheimnis. Fremdingen o.J.

DV Offenbarungskonstitution des II. Vatikanischen Konzils *Dei Verbum*. Online im Internet oder in: Rahner, Karl/Vorgrimler, Herbert: Kleines Konzilskompendium. Freiburg/Br. [35]2008 (DV enthält die lehramtliche Grundlage zum Wort Gottes).

Filler, Ulrich: Liturgie. Das Herz der Kirche. Kisslegg [2]2004.

GS Pastoralkonstitution des II. Vatikanischen Konzils *Gaudium et spes*. Online im Internet oder in: Rahner, Karl/Vorgrimler, Herbert: Kleines Konzilskompendium. Freiburg/Br. [35]2008.

Johannes Paul II.: Brief *Dominicæ cenæ*. Über das Geheimnis und die Verehrung der heiligsten Eucharistie. (VdAS Nr. 15). Bonn 1980.

Johannes Paul II.: Enzyklika *Ecclesia de Eucharistia*. Über die Eucharistie in der Beziehung zur Kirche. (VdAS Nr. 159). Bonn ²2003.

Kongregation für den Gottesdienst und die Sakramentenordnung: Grundordnung des Römischen Messbuchs. Arbeitshilfen Nr. 215. Hg. vom Sekretariat der Deutschen Bischofskonferenz. Bonn ³2007.

Pyka, Holger: Versteht man, was du liest? Praxisbuch für den Gottesdienst. Bielefeld 2022.

Ratzinger, Joseph: Gesammelte Schriften (JRGS). Theologie der Liturgie. Band 11. Freiburg/Br. ³2010.

Papst Franziskus: Apostolisches Schreiben Desiderio *desideravi* (VApS 177). Bonn 2022.

Pius XII.: Enzyklika *Mystici Corporis*. Über den mystischen Leib Christi (29. Juni 1943).

Pius XII.: Enzyklika *Mediator Dei* über die Heilige Liturgie (20. September 1947).

Pius XII.: Enzyklika *Haurietis aquas* über die Verehrung des Heiligsten Herzens Jesu (15. Mai 1956).

Sekretariat der Deutschen Bischofskonferenz (Hg.): Die Messfeier – Dokumentensammlung. Arbeitshilfen Nr. 77. Bonn ¹²2015 (enthält eine Sammlung von Texten wie die ‚Allgemeine Einführung in das Römische Messbuch' und die ‚Pastorale Einführung ins Messlektionar').

Zerfaß, Rolf: Lektorendienst. Fünfzehn Regeln für Lektoren und Vorbeter. Trier 2003.

Kleine Sammlung an Bibelstellen zum Wort Gottes

„Der Mensch lebt nicht vom Brot allein, sondern von jedem Wort, das aus Gottes Mund kommt“ (Mt 4,4// vgl. Dtn 8,3).

„Der Geist ist es, der lebendig macht; das Fleisch nützt nichts. Die Worte, die ich zu euch gesprochen habe, sind Geist und sind Leben“ (Joh 6,63).

Im Wort Gottes „ist eine Kraft Gottes zur Rettung für jeden, der glaubt“ (Röm 1,16)

Gottes Wort hat die Kraft aufzubauen (Apg 20,32).

Gottes Wort ist Wahrheit (Joh 17,17).

„Denn lebendig ist das Wort Gottes, wirksam und schärfer als jedes zweischneidige Schwert; es dringt durch bis zur Scheidung von Seele und Geist, von Gelenken und Mark; es richtet über die Regungen und Gedanken des Herzens“ (Hebr 4,12).

„Und nehmt den Helm des Heils und das Schwert des Geistes, das ist das Wort Gottes! Hört nicht auf, zu beten und zu flehen! Betet jederzeit im Geist“ (Eph 6,17f).

„Denn wie der Regen und der Schnee vom Himmel fällt und nicht dorthin zurückkehrt, ohne die Erde zu tränken und sie zum Keimen und Sprossen zu bringen, dass sie dem Sämann Samen gibt und Brot zum Essen, so ist es auch mit dem Wort, das meinen Mund verlässt: Es kehrt nicht leer zu mir zurück, ohne zu bewirken, was ich will, und das zu erreichen, wozu ich es ausgesandt habe“ (Jes 55,10f).

„Die Weisung des HERRN ist vollkommen, sie erquickt den Menschen“ (Ps 19,8).

„Sorgt euch nicht um euer Leben“ (Mt 6,25).